JN097720

子どもの数学的な
見方・考え方が働く算数授業

4年

4

全国算数授業研究会
（企画・編集）

はじめに

いよいよ新しい学習指導要領が実施される。教育課程が変わるということは教育理念自体が変わるということであり，これまで行ってきた授業を変えなければならないということを意味する。

算数科では，数学的な見方・考え方を働かせ，数学的活動を通して数学的に考える資質・能力を育成することを目標とした授業の実現が求められている。この中で特に意識すべきことは，目標の書き出しに見られる「数学的な見方・考え方を働かせ」という表現である。「数学的な見方・考え方」は，算数科の目標を実現するための前提として示された新たなキーワードである。算数科の目標は全ての子どもを対象としているということから考えると，子どもたち全員が「数学的な見方・考え方」を働かせられるような算数授業が求められている。つまり，「数学的な見方・考え方」を働かせるのは一部の算数好きで数学的なセンスを持ち合わせた子どもというわけではない。決して一部の子どもだけが「数学的な見方・考え方」を働かせるような算数授業であってはならないわけである。では，目の前にいる一般的な子どもが働かせる「数学的な見方・考え方」を大事にした算数授業とは，一体どのような授業なのであろうか。本書では，その疑問に対する答えを示すために，第1学年から第6学年までの全単元の算数授業における子どもの「数学的な見方・考え方」が働く授業の具体に迫ってみた。

ただ，予めはっきりしているのは，「数学的な見方・考え方」を働かせている子どもの姿は決して特殊な子どもの姿や特別な子どもの姿ではないということである。どこの教室でも普通に見られる子どもの自然な姿の中に「数学的な見方・考え方」を働かせる子どもの姿が存在していると捉えなければならない。我々教師はそのような「数学的な見方・考え方」を働かせている子どもの具体的な姿を把握し，それを引き出す手立てを講じることができれば，算数授業の中で意図的に評価し，価値づけることもできるわけである。

全国算数授業研究会は，これまで「授業を見て語り合う」ことを大事にし，子ども目線から算数授業の在り方を追求してきた。毎日の算数授業で子どもと正面から向き合い，より良い算数授業を求めて真剣に切磋琢磨する授業人による授業人のための研究を蓄積してきたのである。だから，我々は「数学的な見方・考え方」を働かせる子どもの具体的な姿をもっとも身近で見てきたとも言える。そこで，本書では「数学的な見方・考え方とは何か」という概念の整理や抽象化をねらうのではなく，学校現場で日々の算数授業を行う授業人が「数学的な見方・考え方」を働かせている具体的な子どもの姿を共有することを目的とした。その具体を理解し把握できたならば，たとえ初任者の教師であっても目の前にいる子どもの行動や姿の中から「数学的な見方・考え方」として価値あるものを見出すことができるし，価値づけることができるからである。

なお，本シリーズで紹介した授業実践では，副題にもあるように「どんな姿を引き出すの？」，「どうやって引き出すの？」という２つの視点からポイントを示し，その後で具体的な授業展開を述べている。そこでは教師や子どものイラストを用いて，「数学的な見方・考え方」が発露する対話の具体的なイメージが持てるように配慮した。また，それぞれの「数学的な見方・考え方」を働かせる子どもの姿は，その授業を実践された先生方の子どもの見取りの結果を示しているものでもある。当該の算数授業において，教師が子どものどういうところに着目して授業を構成しているのかということも見えてくるので，多くの先生方にとっても参考になるはずである。

本書が新学習指導要領で求められる算数授業の実現を目指す先生方にとってお役に立てたならば幸甚である。

全国算数授業研究会 会長　山本良和

子どもの数学的な見方・考え方を引き出す算数授業

4年

目次

本書の見方

1

1億よりも大きい数

宮崎県教育庁北部教育事務所　甲斐淳朗

■ 本時のねらい

1億よりも大きな数について，構成的な見方や相対的な見方から多面的に捉えたり，数直線上でよんだりすることができる。

■ 本時の問題

① 2億5000万はどんな数ですか。

② 1兆　㋐　1兆500億

㋐にあたる数は何でしょうか。

■ どのような見方・考え方を引き出すか

①3年生で学習した「1万をこえる数」を想起しながら，2億5000万は，「1億を2個，1000万を5個合わせた数（構成的な見方）」「1000万を25個集めた数（相対的な見方）」などに気付き多面的に表現することができること。

②1目盛りの大きさを考えて，㋐にあたる数の大きさを説明することができること。

■ どのように見方・考え方を引き出すか

①については，「**2億5000万って，どんな数?**」と子どもに問い，黒板中央に板書する。本時，構成的な見方や相対的な見方を子どもから引き出すためにも，**普段から数を豊かに見ていく布石**を打っておきたい（例：「今日は31日かぁ。31ってどんな数?」など）。一方で，子どもから構成的な見方や相対的な見方を引き出すことができない場合には，**3年生で学習した「1万をこえる数」を想起**させ，それらと結び付けながら，子どもたちから「1億を2つ，1000万を5つ合わせた数」「1000万を25個集めた数」などを引き出したい。特に，本時では，相対的な見方を子どもから引き出すことが難しいと予測されるので，その際には，「2億は，1億をいくつ集めた数? 1000万をいくつ集めた数?」「1を2億5000万集めるといくつ?」など，子どもにとってイメージしやすい相対的な見方に触れさせながら「1000万を25個集めた数」につなげていくことができるようにしたい。

②については，数直線上に示された1兆と1兆500億をもとに，**1目盛りの大きさを明らかにして**㋐の大きさを説明することが大切である。そこで，あえて1兆500億を提示せず，㋐の大きさを考えさせてもおもしろい。1兆のみの提示であれば，「㋐がわからない」とつぶやく子どももいれば，一方で「1兆3」「1兆30億」「1兆300億」などの考えを引き出すこともできる。大きな数になった途端，数直線上で根拠をもって数の大きさを指し示すことができない子どもは多い。**子ども自身に1目盛りの大きさを決めさせて**，学級全体で㋐の大きさを考えていくというアプローチも1つの有効な手立てであると考える。

■ 本時の流れ

1.「2億5000万ってどんな数?」

2億5000万ってどんな数?

唐突に，「2億5000万ってどんな数?」と発問しながら黒板中央に板書する。子どもたちは，一瞬ためらうが，少し"間"を置くと豊かな表現を引き出し始める。

「日本の人口?」「いや，1億ちょっとしかいないよね?」

「お金?」「何のお金?」「学校の建物とか……?」

子どもたちの発想をそのまま板書していると，視点を変えて表現しようとする子どもたちも出てきた。

「2億と5000万を合わせた数!」「1億と1億と5000万を合わせた数!」

「3億から5000万引いた数」「おー!」

ここまではまだねらいとしている構成的な見方や相対的な見方は表出され

006

1　1億よりも大きい数　007

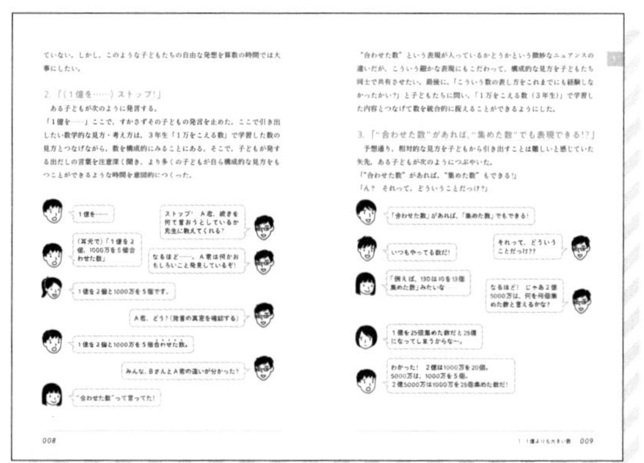

ていない。しかし，このような子どもたちの自由な発想を算数の時間では大事にしたい。

2.「(1億を……) ストップ!」

ある子どもが次のように発言する。

「1億を……」ここで，すかさずその子どもの発言を止めた。ここで引き出したい数学的な見方・考え方は，3年生「1万をこえる数」で学習した数の見方とつなげながら，数を構成的にみることにある。そこで，子どもが発する出だしの言葉を注意深く聞き，より多くの子どもが自ら構成的な見方をもつことができるような時間を意図的につくった。

1億を……
ストップ! A君，続きを何て言おうとしているか先生に教えてくれる?
(耳元で)「1億を2個，1000万を5個合わせた数」
なるほど……。A君は何かおもしろいこと発見しているぞ!
1億を2個と1000万を5個です。
A君，どう?(発言の真意を確認する)
1億を2個と1000万を5個合わせた数。
みんな，Bさんと A君の違いが分かった?
"合わせた数"って言ってた!

"合わせた数"という表現が入っているかどうかという微妙なニュアンスの違いだが，こういう細かな表現にもこだわって，構成的な見方を子どもたち同士で共有させたい。最後に，「こういう数の表し方をこれまでにも経験しなかったかい?」と子どもたちに問い，「1万をこえる数（3年生）」で学習した内容とつなげて数を統合的に捉えることができるようにした。

3.「"合わせた数"があれば，"集めた数"でも表現できる!?」

予想通り，相対的な見方を子どもから引き出すことは難しいと感じていた矢先，ある子どもが次のようにつぶやいた。

「"合わせた数"があれば，"集めた数"もできる!」

「ん? それって，どういうことだっけ?」

「合わせた数」があれば，「集めた数」でもできる!
いつもやってる数だ!
それって，どういうことだっけ??
「例えば，130は10を13個集めた数」みたいな
なるほど! じゃあ2億5000万は，何を何個集めた数と言えるかな?
1億を25個集めた数だと25億になってしまうからな～。
わかった! 2億は1000万を20個。5000万は，1000万を5個。2億5000万は1000万を25個集めた数だ!

008

1　1億よりも大きい数　009

a

どのような見方・考え方を引き出すか

本時で引き出したい数学的な見方・考え方を記載しています。複数ある場合は，特に本時の中心となるものに★マークを付けています。

どのように見方・考え方を引き出すか

数学的な見方・考え方を引き出すための手立てを簡単に紹介し，本時の概略と教材の意図を提示しています。

c

本時の流れ

見方・考え方を引き出すためにどのように授業を展開していくのかを，子どもの姿ややり取りに焦点を当て詳述しています。見方・考え方が引き出されている子どもの姿やそのための手立てについては，吹き出しやイラストにしています。

子どもの数学的な
見方・考え方が働く算数授業　4年

1

1億よりも大きい数

宮崎県教育庁北部教育事務所　甲斐淳朗

本時のねらい

1億よりも大きな数について，構成的な見方や相対的な見方から多面的に捉えたり，数直線上でよんだりすることができる。

本時の問題

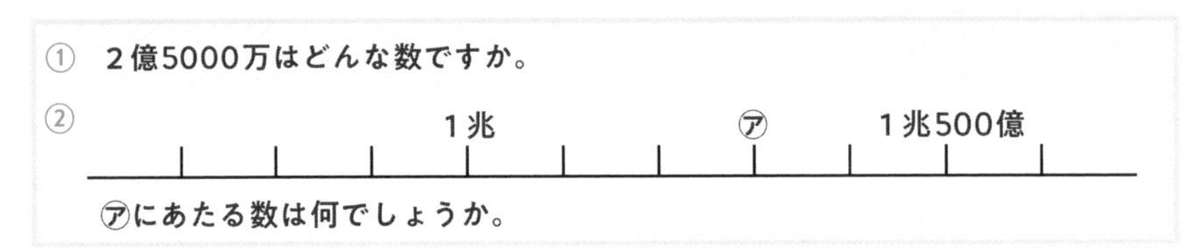

①　2億5000万はどんな数ですか。
②
1兆
㋐
1兆500億
㋐にあたる数は何でしょうか。

どのような見方・考え方を引き出すか

①3年生で学習した「1万をこえる数」を想起しながら，2億5000万は，「1億を2個，1000万を5個合わせた数（構成的な見方）」「1000万を25個集めた数（相対的な見方）」などに気付き多面的に表現することができること。

②1目盛りの大きさを考えて，㋐にあたる数の大きさを説明することができること。

どのように見方・考え方を引き出すか

①については，「**2億5000万って，どんな数?**」と子どもに問い，黒板中央に板書する。本時，構成的な見方や相対的な見方を子どもから引き出すためにも，**普段から数を豊かに見ていく布石**を打っておきたい（例：「今日は31日かぁ。31ってどんな数?」など）。一方で，子どもから構成的な見方や相対的な見方を引き出すことができない場合には，**3年生で学習した「1万をこえる数」を想起**させ，それらと結び付けながら，子どもたちから「1億を2つ，1000万を5つ合わせた数」「1000万を25個集めた数」などを引き出し

たい。特に，本時では，相対的な見方を子どもから引き出すことが難しいと予測されるので，その際には，「２億は，１億をいくつ集めた数？　1000万をいくつ集めた数？」「１を２億5000万集めるといくつ？」など，子どもにとってイメージしやすい相対的な見方に触れさせながら「1000万を25個集めた数」につなげていくことができるようにしたい。

②については，数直線上に示された１兆と１兆500億をもとに，**１目盛りの大きさを明らかにして**㋐の大きさを説明することが大切である。そこで，あえて１兆500億を提示せず，㋐の大きさを考えさせてもおもしろい。１兆のみの提示であれば，「㋐がわからない」とつぶやく子どももいれば，一方で「１兆３」「１兆30億」「１兆300億」などの考えを引き出すこともできる。大きな数になった途端，数直線上で根拠をもって数の大きさを指し示すことができない子どもは多い。**子ども自身に１目盛りの大きさを決めさせて**，学級全体で㋐の大きさを考えていくというアプローチも１つの有効な手立てであると考える。

本時の流れ

1.「２億5000万ってどんな数？」

唐突に，「２億5000万ってどんな数？」と発問しながら黒板中央に板書する。子どもたちは，一瞬ためらうが，少し“間”を置くと豊かな表現を引き出し始める。

「日本の人口？」「いや，１億ちょっとしかいないよね？」
「お金？」「何のお金？」「学校の建物とか……？」

子どもたちの発想をそのまま板書していると，視点を変えて表現しようとする子どもたちも出てきた。

「２億と5000万を合わせた数！」「１億と１億と5000万を合わせた数！」
「３億から5000万引いた数」「おー！」

ここまではまだねらいとしている構成的な見方や相対的な見方は表出され

ていない。しかし，このような子どもたちの自由な発想を算数の時間では大事にしたい。

2.「（1億を……）ストップ!」

ある子どもが次のように発言する。

「1億を……」ここで，すかさずその子どもの発言を止めた。ここで引き出したい数学的な見方・考え方は，3年生「1万をこえる数」で学習した数の見方とつなげながら，数を構成的にみることにある。そこで，子どもが発する出だしの言葉を注意深く聞き，より多くの子どもが自ら構成的な見方をもつことができるような時間を意図的につくった。

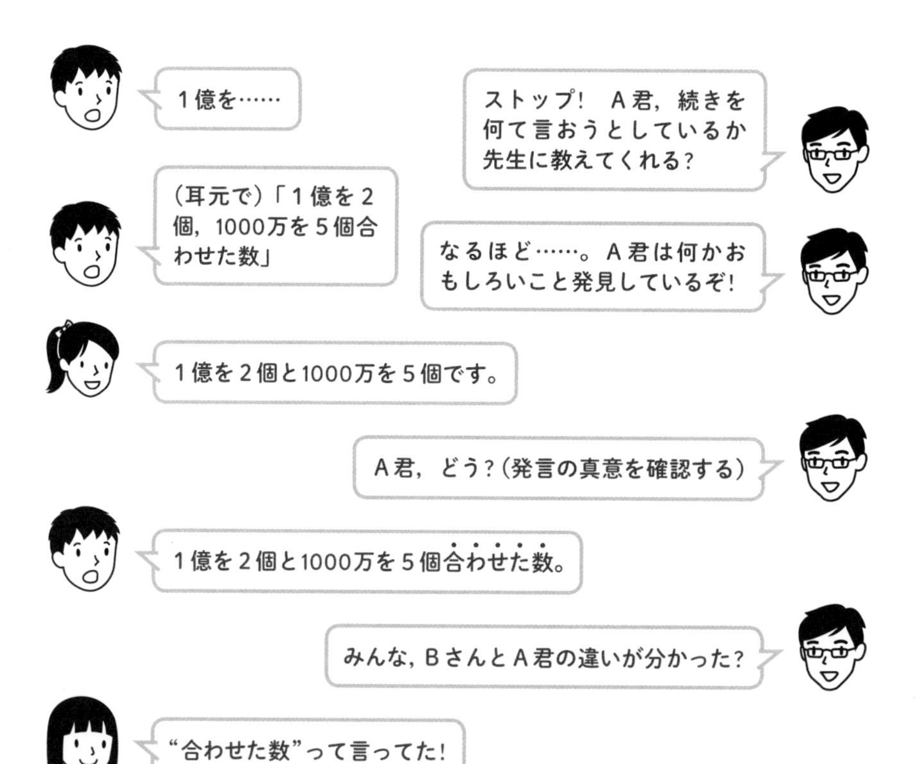

1億を……
ストップ！　A君，続きを何て言おうとしているか先生に教えてくれる？
（耳元で）「1億を2個，1000万を5個合わせた数」
なるほど……。A君は何かおもしろいこと発見しているぞ！
1億を2個と1000万を5個です。
A君，どう？（発言の真意を確認する）
1億を2個と1000万を5個合わせた数。
みんな，Bさんと A君の違いが分かった？
“合わせた数”って言ってた！

“合わせた数” という表現が入っているかどうかという微妙なニュアンスの違いだが，こういう細かな表現にもこだわって，構成的な見方を子どもたち同士で共有させたい。最後に，「こういう数の表し方をこれまでにも経験しなかったかい?」と子どもたちに問い，「１万をこえる数（３年生)」で学習した内容とつなげて数を統合的に捉えることができるようにした。

3.「“合わせた数”があれば,“集めた数”でも表現できる!?」

予想通り，相対的な見方を子どもから引き出すことは難しいと感じていた矢先，ある子どもが次のようにつぶやいた。

「“合わせた数” があれば，“集めた数” もできる！」

「ん？　それって，どういうことだっけ?」

「合わせた数」があれば，「集めた数」でもできる！

いつもやってる数だ！

それって，どういう
ことだっけ??

「例えば，130は10を13個
集めた数」みたいな……

なるほど！　じゃあ２億
5000万は，何を何個集
めた数と言えるかな？

１億を25個集めた数だと25億
になってしまうからな〜。

わかった！　２億は1000万を20個。
5000万は，1000万を５個。
２億5000万は1000万を25個集めた数だ！

紙面上，子ども同士の細かな対話は省略しているが，この間，多くの子ども同士の議論が繰り広げられた。やはり，数の単位（「万」「億」「兆」）がまたがってくると理解するのに難しいと感じている子どもが多いことがわかった。例えば，「３億は１億を３個集めた数」と表現できるが，「３億は1000万を30個集めた数」と表現するのに抵抗を感じる子どもがいる。そこで，「３万は１万を３個集めた数」「３万は1000を30個集めた数」のように，子どもの実態に応じて３年生の学習とつなげながら丁寧に授業を展開する必要がある。

一方，冒頭でも述べたが，普段から数を多面的にみるという学習を積み重ねておかなければ，前述したような子ども同士のやりとりを引き出すことはなかなか難しい。例年，私の学級では，４月の第１週に下記のような活動に取り組ませ，数の見方を題材にして，「授業はみんなでつくるもので，互いの考えをつなげていくこと，広げていくこと，深めていくことの大切さ」を共有するようにしている。

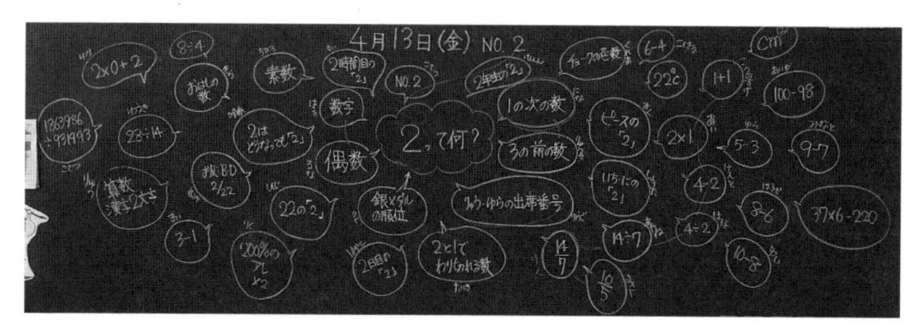

4.「１目盛りを自分で決めよう！」

１億よりも大きい数の構成的な見方や相対的な見方を理解した後，数直線上で数の大きさを表す問題に取り組ませる。冒頭②の問題では，１兆と１兆500億の位置を根拠にして，１目盛りがいくつにあたるかを考え，㋐の大きさを導き出す。しかし，苦手な子どもにとっては，その１目盛りに着目することが難しい。そこで，あえて１兆500億を提示せず，１目盛りの大きさを自分たちで決めて，数系列の見方を豊かにしていくという展開を考えた。

1兆　　　　㋐

㋐にあたる数は何でしょうか。

1兆しか書いていないから
わからないな。

じゃあ，どうする?

1目盛りが1兆だったら，㋐は4兆になるね。

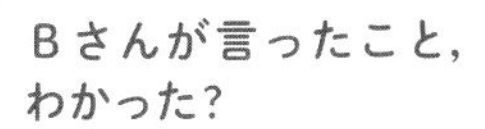

わかった！　じゃあ，㋐が
1兆30億でもいいね！

C君が言った数が答えだとすると，
1目盛りはいくつになるかな?

1目盛りが10億だったら，㋐は1兆30億になるね。

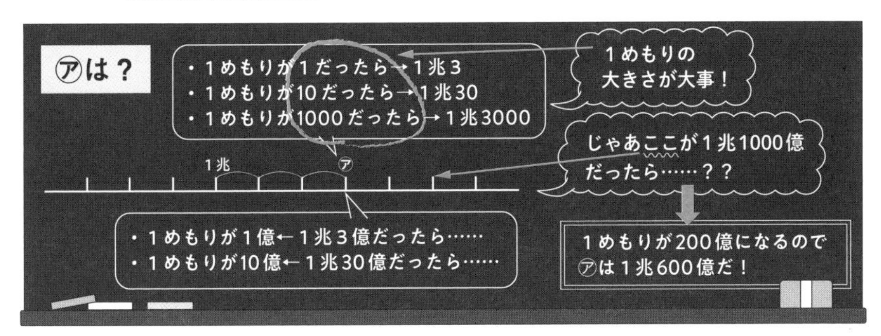

この後，1目盛りを意識し始めた子どもたちに，1兆1000億を提示して㋐を求める問題に挑戦させた。数直線上での数を正確に指し示すことは，1目盛りの大きさを明らかにして，そのいくつ分かという相対的な見方を用いて問題解決にあたるとも言える。今後も大切にしたい学習課題であることを再確認することができた。

2 折れ線グラフ

北海道教育大学附属札幌小学校　瀧ヶ平悠史

本時のねらい

グラフから２つの紙飛行機の飛び方の傾向を読み取り，それをもとにどちらの紙飛行機を選ぶべきか，自分なりの結論を導き出すことができる。

本時の問題

紙飛行機が２機あります。それぞれを，６回ずつ試しに飛ばしました。
紙飛行機大会に出るとき，どちらの機体を選ぶべきだと考えますか。

どのような見方・考え方を引き出すか

・１目盛りの大きさ（単位）や６回の試行結果の変化に着目して，機体の飛び方の傾向について考えること。

どのように見方・考え方を引き出すか

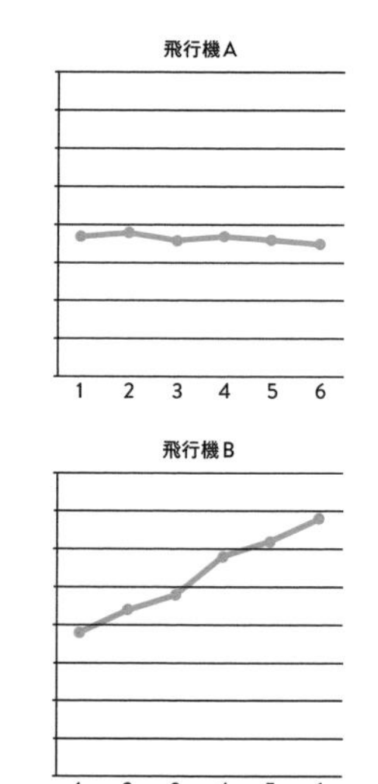

初めに，紙飛行機の機体A及びBの飛距離についてのグラフ（目盛りの**数値が書かれていない**）を提示する。これにより，子どもから「１目盛りの大きさ（単位）を知りたい」という，単位に着目して考える姿を引き出していく。また，このときに「１目盛りの大きさは，そんなに大切なのか」と全体に問い返すことで，その理由を明らかにして共有できるようにしていく。

その後，2つのグラフそれぞれの単位を確認する。これにより子どもたちから，「同じ単位のグラフに表したい」という思いを引き出していく。新たなグラフに表し直すと，機体Aの方が安定的に長く飛ぶ傾向があるのに対し，機体Bは初め飛距離が短いが，徐々に伸びてきている傾向がわかる。子どもたちは，どちらかの機体を選ばなくてはならないという状況から，こうした傾向をもとに自分なりの考えを構成して結論を導き出していくと考える。

本時の流れ

1.「1目盛りの大きさは，そんなに大切なの?」

初めに，次のように問題を板書した。

紙飛行機が2機あります。それぞれを，6回ずつ試しに飛ばしました。紙飛行機大会に出るとき，どちらの機体を選ぶべきだと考えますか。

続いて，次の2つのグラフを黒板に貼り出した。

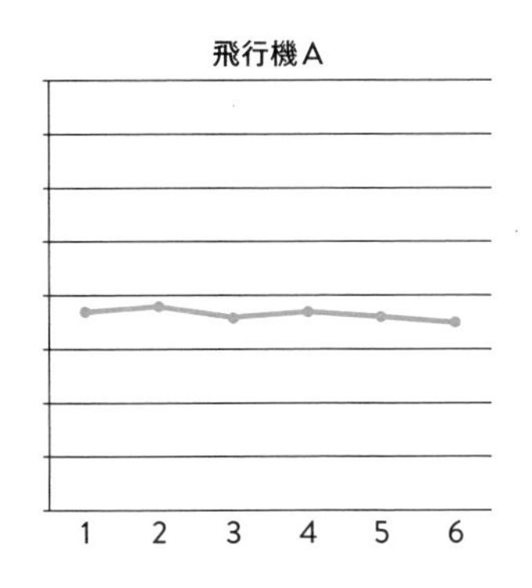

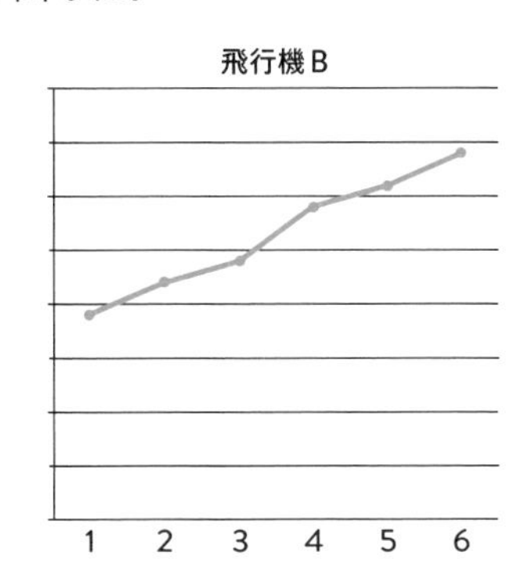

子どもたちは，これらのグラフを見た瞬間に「絶対，Bの方でしょ!」「だよね!」などと声を上げる。

ところが，そのすぐ後に，今度は「ちょっと待って，これ，だまされたらダメだよ」「目盛りがわからない!!」などといった声が上がり始めた。

そこで，「え? 目盛りがわからないって，どういうこと?」と，学級全体に問い返す。すると，「あ! 本当だ。1目盛りの大きさが書いてない!」「もしかしたら，AとBのグラフで1目盛りの大きさが違うかもしれない」「縦軸のところの数値が書いていないから，このままじゃ比べられないよ」といった反応が学級全体に広がっていく。

ここで,「１目盛りの大きさ（単位）は，そんなに大切なの?」と改めて問うていく。子どもたちからは「例えば，Ａのグラフの１目盛りの大きさが５ｍで，Ｂの１目盛りの大きさが２ｍとかだったら，Ａの紙飛行機の方がずっとよく飛んでいるということになるよ」「１目盛りの大きさがわからないと，比べようがない」といったように，このままでは比較ができないという意見が多数出てくる。

これらの考えを受け，「では，１目盛りの大きさがわかれば，比べられるんですね?」と言って，２つのグラフの縦軸の数値を示した。すると子どもたちは，「やっぱり！　目盛りの最大値が違う!」「Ａは１目盛りが10ｍで，Ｂは５ｍだよ」「ということは，Ａの方がよく飛んでる……?」「でも……これ，すごく比較しづらい!」と，子どもたちはグラフの１目盛りの大きさに着目して紙飛行機の飛び方を比較しようと考え始める。

2.「１目盛り５ｍのままじゃ何か問題あるの?」

ここで，「どうですか？　どちらを選んだらよいか，自分なりの結論は出ましたか?」と問うと，「比べにくいけど，Ｂの方がだんだん飛ぶ距離が伸びてることは間違いないから，Ｂかな」といった意見が出る一方，次のような考えをする子どもも出てくる。

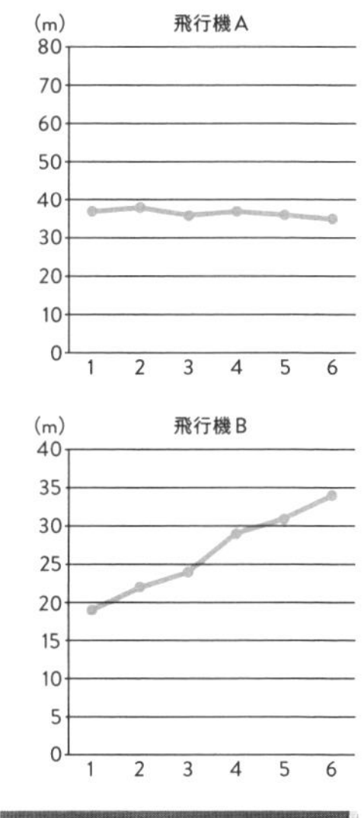

「でも，Ｂは１目盛りが５ｍだから，何て言うか……Ｂのグラフが（Ａと同じ）１目盛り10ｍだったら，もっと（折れ線の上がり方の）角度がなだらかになって見えると思うから……そんなに（飛距離は）伸びているとは言えないんじゃないかな?」

２つのグラフの１目盛りの大きさ（単位）の違いが，Ｂの折れ線の見え方にも影響すると言いたいのである。この発言には，意味が理解できないといった表情の子も多数見られた。そこで，「どういうことかな？　ＢがＡと同じように１目盛りの大きさ10ｍだったらって考えているんだよね？　１目盛り５ｍのままじゃ何か問題があるの?」と，学級全体に問い

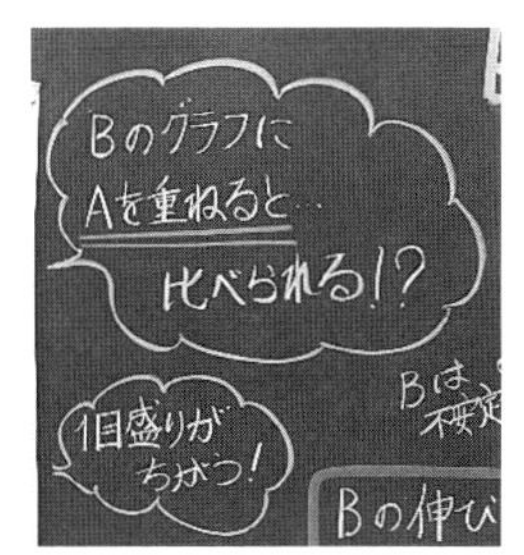

返す。さらに，ここで近くの人と相談する時間を取った。すると，「Ｂのグラフが Ａと同じように１目盛り10ｍだったら」ということについて，教室中で議論が沸き起こる。

しばらくすると，「６回分の飛距離の具体的な数値を教えてください」と発言する子たちが現れる。頭の中で考えているだけでは十分ではないと考えた子たちが，実際にＢのグラフをＡと同じ１目盛り10ｍのグラフに描き換えてみようと動き出したのである。そこで，「なぜ，描き換えるのか」と改めて問いかける。そして，「このままではわかりにくい」「描き直して確かめたい」という思いを学級全体の場で確認した上で，一度，個々にグラフを描き換える時間を取ることを伝えた。

紙飛行機Ａ：(37m，38m，36m，37m，36m，35m) 紙飛行機Ｂ：(19m，22m，24m，29m，31m，34m)

3.「何を根拠に，どんな結論になりそうかな？」

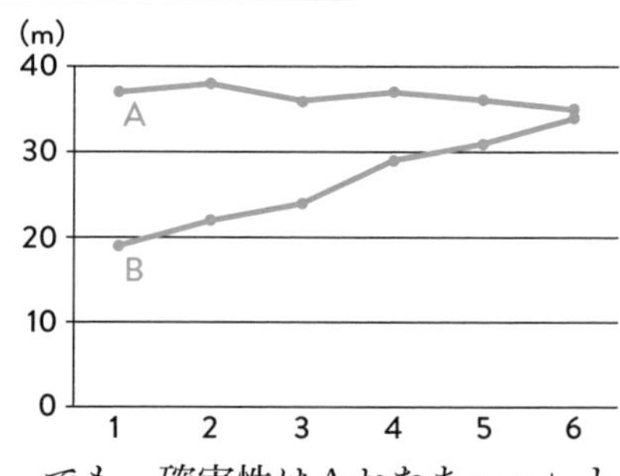

しばらくすると，Ｂのグラフを描き換えたり，ＡとＢの折れ線を同じグラフ内に重ねて表したりした子どもたちから，「微妙だなあ。でも，Ｂかなあ」「え!?　Ａじゃない？　だって……」「Ｂの方がよく飛ぶようになってきているというのは間違いないよね。でも，確実性はＡかなあ……」といったつぶやきが聞こえ始める。

そこで，グラフの描き直しが終わった子から，自分なりの結論をノートに整理するように促した。

その後，最終的にどのような結論に至ったのか，全体で話し合いを行うと，子どもたちからは次のような意見が出てくる。

〈Aを選んだ児童〉

「飛ぶ距離にぶれがない」「安定した実績があるから信頼できる」「AとBが大体どれくらいの距離を飛んでいるか（平均につながる考え）を比べると，Aの方が長い距離を飛んでいると言える」

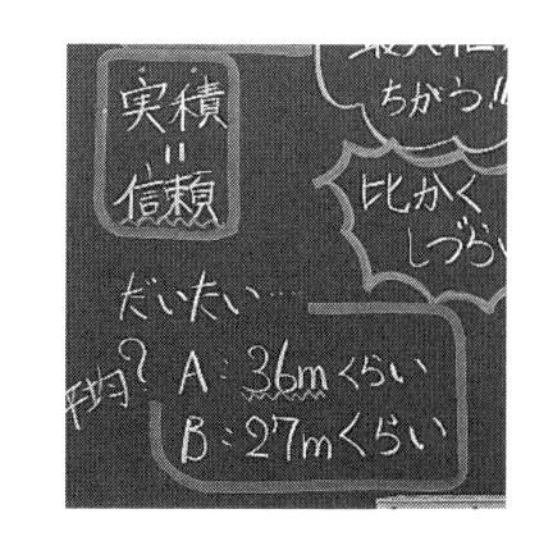

〈Bを選んだ児童〉

「AとBの差を各回で求めると，その差はどんどん小さくなっている」「上がり調子」「右肩上がり」「各回の間の伸びを出すと，Bは圧倒的に飛距離が伸びていると言える」

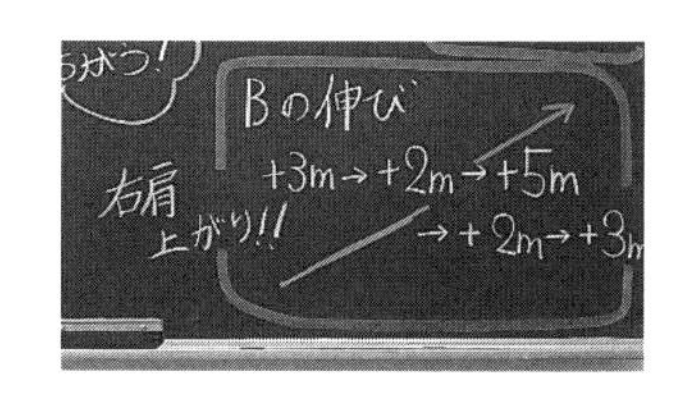

Bのグラフが１目盛り10ｍだったら，……そんなに（飛距離は）伸びているとは言えないんじゃないかな？

１目盛り５ｍのままじゃ何か問題があるの？

わかりにくいから，Bのグラフを描き直したい！

AとBのグラフを重ねて表したらどうかな？

Aは確実に飛ぶけど，Bも飛距離が伸びてきているからなあ……。

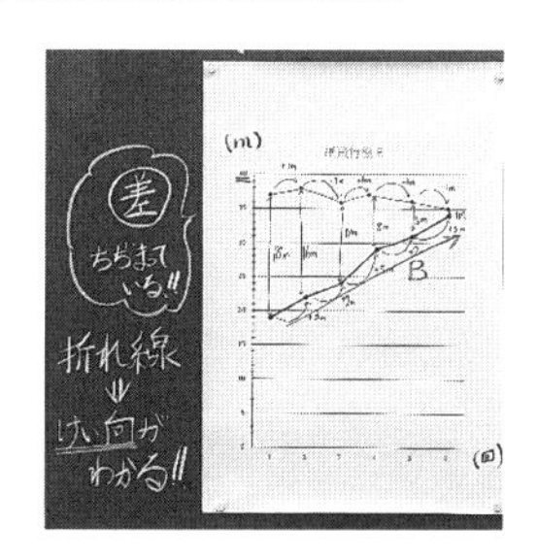

こうして子どもたちは，２機の６回の試行結果からそれぞれの飛び方の傾向に着目して考え，自分なりの結論を導き出していくことができた。

3 二次元の表

岡山大学教育学部附属小学校　草地貴幸

本時のねらい

データを２つの観点から分類整理する方法を見いだし，二次元の表をもとにデータの特徴や傾向について考察することができる。

本時の問題

どのような見方・考え方を引き出すか

・データを２つの観点に着目して捉え，二次元の表に分類整理する方法を考え，データの特徴や傾向を考察する。

どのように見方・考え方を引き出すか

多様な分類整理の仕方が考えられるように，上記にあるカードゲームのような教具を用いる。カードは操作して分類整理を試行錯誤しやすい。だからこそ，子どもはカードを手にすると並べて整理したくなる。まずは色や属性などから１つの観点を選んで分類整理をするだろう。そこで得た結論をもとに，データを２つの観点に着目して分類整理したくなる仕掛けを用意したい。

具体的には，色別と属性別の竜の数をもとに，一番多い緑色と一番多い火の属性を組み合わせた「緑色の火の属性」の竜が一番多いのかという結論の妥当性を検討させる。全体を俯瞰したときの緑色の竜は火の属性が少なそうという違和感をきっかけに，色と属性の２つの観点を組み合わせた新たな見方・考え方を働かせて，二次元の表に分類整理できるようにしたい。

本時の流れ

1.「どの組み合わせが一番多いのかな」

本時は単元の導入である。本時の前にカードを配布し，カードゲームなどの常時活動ができるようにしておいた。本時の導入では，「どのカードが多いのか」を話題にした。すると，子どもたちは次のように色別や属性別，性別にカードを並べ始めた。

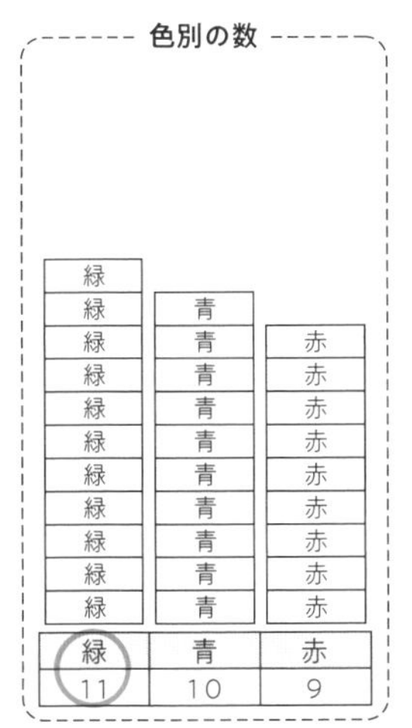

属性別の数

火	水	草
12	10	8

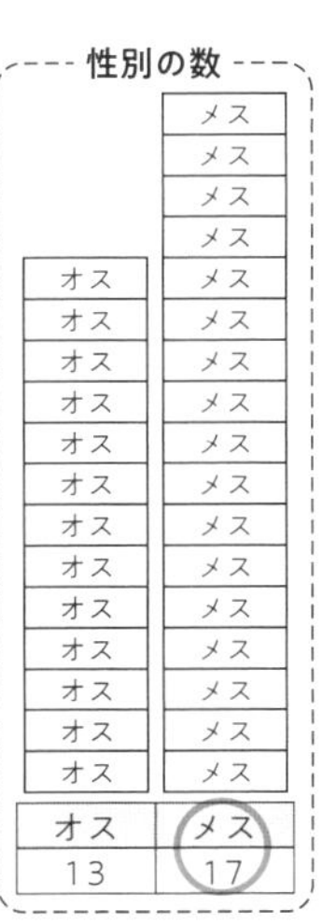

分類整理した結果を上記のように１つずつ表にして３つの表を共有していくと，色・属性・性別のそれぞれで一番多かったのは，緑色・火・メスであることが判明した。その後，どの組み合わせの竜が一番多いのかを話題にした。

どの組み合わせの竜が一番多いのかな。

緑色で火の属性のメスが多いのかな。

緑色のメスは多そうだけど，火の属性は少ない気がするよ。

子どもたちは，全てのカードを俯瞰したときの感覚をもとに，緑色と火の属性，メスを組み合わせた竜が一番多いという結論に違和感を覚えていた。その違和感を解消するために，何色のどの属性の組み合わせが多いのかを調べてみたいという課題意識が設定された。

2.「それぞれの色は何頭だったかな」

子どもたちは，まず色と属性の組み合わせごとにカードを集めた。そして，集めたカードを下の図のように並べ始めた。その下にある一次元の表は，カードを並べた結果を表にしたものである。

						赤火		
				青水		赤火		
緑火		緑草		青水		赤火		
緑火	緑水	緑草		青水	青草	赤火		
緑火	緑水	緑草	青火	青水	青草	赤火	赤水	
緑火	緑水	緑草	青火	青水	青草	赤火	赤水	赤草

緑・火	緑・水	緑・草	青・火	青・水	青・草	赤・火	赤・水	赤・草
4	3	4	2	5	3	6	2	1

並べたカードと表を見て，赤色の火の属性が６頭で一番多いことが明らかになった。この表は色と属性の組み合わせを一列に並べたものであり，１つの観点で捉えているに過ぎない。そのため，ここで満足させてしまっては，２つの観点で捉えるという新たな見方の獲得には至らない。そこで，色の合計に着目したくなる問いを投げかけた。

それぞれの色は何頭だったかな。

同じ色を足さないとわからないね。

並べ替えたらパッと見てわかるようになると思うよ。

緑色の合計は，火・水・草の属性を合わせると11頭だとわかった。青と赤も同じようにして合計を確認できたが，煩雑に感じていた。さらに，「どの属性が多いのかはどこを見たらわかるかな」と問いかけると，属性の合計は色の合計よりもさらにわかりにくいことに気付いた。そして，色や属性の合計という見えないものを見えるようにしたいという新たな課題が生まれた。

3.「どうして色別に揃えて並べたのかな」

まずは「どう並べたら色の合計がすぐに見えるようになるかな」と問いかけ，１つの観点に焦点化して整理することにした。すると，何人かが「同じ色で縦に並べたらいいかも」とひらめき，緑色を属性順に縦に積み上げて並べ始めた。それを見て，全員が一斉に色を縦に揃えて属性別に積み上げて並べた。しかし，横を同じ属性に揃えることまでは考えられておらず，観点を切り替えることが難しい様子であった。これまでは１つの方向でしか捉えたことがないため，縦と横の両方向から捉える発想は出てこないのは当然である。そこで，色別にして縦に並べたわけを話し合うことにした。

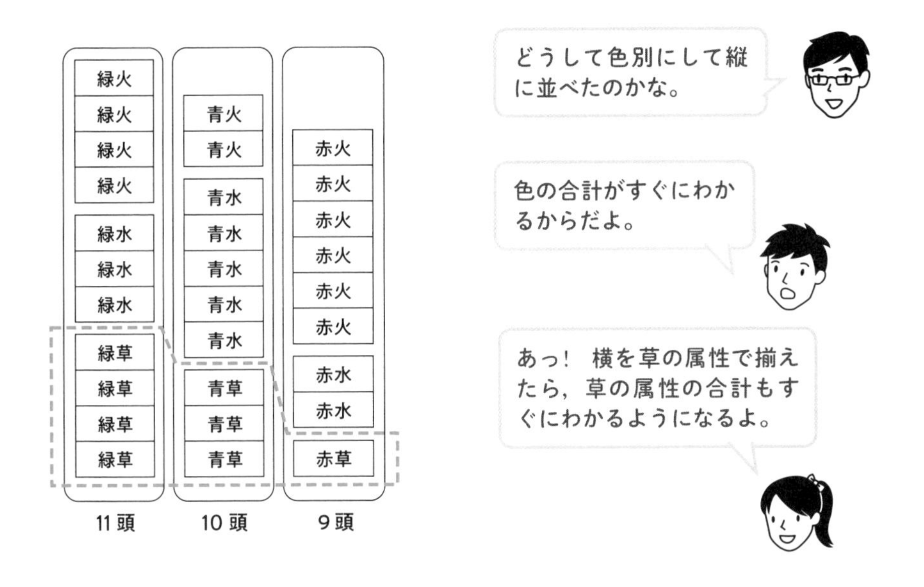

このような話し合いを通して，縦に色を揃えて並べると色の合計が見えるというよさに目を向けることができた。同じ観点で揃えることのよさに気付いたことで，横に属性も揃えて並べれば，それぞれの属性の合計も見えるようになると縦横に見方を広げることができた。そして縦に色，横に属性が揃うようにカードを並べ始めた。

並べたカードをもとに，色と属性を組み合わせた数，色別の合計，属性別の合計，総数としての合計を表記し，それぞれを区切ることで次のような二次元の表を作成することができた。

	緑	青	赤	合計
火	緑火 緑火 緑火 緑火 4	青火 青火 2	赤火 赤火 赤火 赤火 赤火 赤火 6	12
水	緑水 緑水 緑水 3	青水 青水 青水 青水 青水 5	赤水 赤水 2	10
草	緑草 緑草 緑草 緑草 4	青草 青草 青草 3	赤草 1	8
合計	11	10	9	30

表を縦に見ると緑色が11頭，青色が10頭，赤色が９頭だとすぐにわかり，横に見ると火の属性が12頭，水の属性が10頭，草の属性が８頭だとすぐにわかることが確かめられた。子どもたちは２つの観点を組み合わせた表に整理すると，色の合計だけでなく，属性の合計まで見えるようになったことに感動していた。また，縦と横を交差して見ると，一番多い組み合わせが赤色

の火の属性であることもわかり，一番多い緑色と一番多い火の属性を組み合わせた緑色の火の属性の竜が一番多いわけではないことが明らかになった。

4.「それぞれの色ではどの属性が多いのかな」

合計や一番多い組み合わせが見えるようになったからといって安心してはいけない。緑色ではどの属性が多いのかといった色別の内訳にも着目できなければ，縦横に見方を広げたとは言えない。そこで，「緑色はどの属性が多いのかな」と尋ねた。子どもたちは表を縦に見ながら，緑色はどの属性も同じくらいで，青色は水の属性が多く，赤色は火の属性が多いという色別の傾向を見いだした。このように，部分と部分，全体と部分を比べることで，２つの観点の見方を確かにすることができたと言える。終末には，「肉が好きな竜は何色が多いのかを調べたい」といった２つの観点で捉えるという新たな見方を活用しようとする姿が見られた。

次時以降もこのカードを継続して使用し，肉が好きな竜と植物が好きな竜のどちらが多いのかを調べ，肉と植物について「好きである・好きではない」といった２つの性質の有無についての見方についても学ぶことができた。

		肉		合計
		好き	好きではない	
植物	好き	肉 植物 肉 植物 肉 植物 肉 植物 肉 植物 肉 植物 肉 植物 肉 植物 肉 植物 9	植物 植物 植物 植物 植物 植物 植物 7	16
	好きではない	肉 肉 肉 肉 肉 肉 肉 肉 肉 肉 肉 11	なし なし なし 3	14
合計		20	10	30

4 わり算のしかた

高知大学教育学部附属小学校　松山起也

本時のねらい

九九１回適用で商が何十や何百になるわり算（余りなし）の計算の仕方を理解し，その計算ができる。

本時の問題

□枚のカードを，３人で同じ数ずつ分けます。１人分は何枚になりますか。

どのような見方・考え方を引き出すか

・「何十，何百÷１位数」という計算でも，被除数を10や100のまとまりと見れば，既習である３年生で学習した除法の計算を用いて計算できるという見方・考え方を説明できるようにする。

どのように見方・考え方を引き出すか

まずは，問題文のカードの枚数を□枚と提示し，「何枚だったら簡単に求められる?」と問うことで，「３，６，９，……」といった，３で割り切れる数を出させ，この場面が□÷３の式で表されるということを確かめる。そして，□枚のカード（画用紙を正方形に切ったもの）を黒板に貼り，実際に３人で等分する操作をさせることで，既習である除法の意味を全員で確かめていく。

次に，□の数が60の場合について考えさせる。式が60÷3になることを確かめた後，先ほどと同様に60枚のカードを黒板に貼ろうとする仕草を見せることで，「60枚も貼るのは大変……」「カードは６枚でいいよ」という声を引き出す。そして，「問題は60枚なのに貼るカードは６枚だけでいいってどういうことかな?」と全体に問いかけることで，「１枚のカードに10という数字を書き込んで10の束と見る」「10の束６個を３人で分けるから６÷３で計算できる」という見方・考え方に気付かせ，それを全員で共有していく。

本時の流れ

1.「何枚だったら簡単に求められるかな?」

本時は，「わり算の筆算(1)」を学習する前の「何十，何百÷１位数」の１時間である。

まずは，次のような問題文を板書する。

> **□枚のカードを，3人で同じ数ずつ分けます。**
> **1人分は何枚になりますか。**

「わり算の問題だね」「カードの枚数がわからないと答えがわからないよ」という声に対して，「カードの枚数がわからないのにわり算だとわかるの?」と問い返した。すると，「３人で同じ数ずつ分けるんだからわり算だ」「式は，『全部の枚数÷３＝１人分の枚数』になる」という考えが出され，問題がわり算の場面であることを全員で確認していく。

次に，「何枚だったら簡単に求められるかな?」と問いかけ，思いつく数を１つだけノートに書かせてから全員を起立させる。そして，順番に発表させていくと，「0，３，６，９」という数が出された。その数を見た子どもたちは，「０はカードを分けることにならないからおかしいよ」「3÷3は簡単すぎる」「全部３の段の数だ」と気付いたことを表出していく。出された数について，それぞれ式と答えを確認した後，今度はカード(画用紙を正方形に切ったもの）を実際に黒板に貼って，それを操作させることで，問題場面を再現し，既習の内容を確かめていった。

2.「6枚でいいってどういうことかな?」

今度は,「こんな数でも簡単に求められるかな?」と「60」という数を提示する。「さっきより大きい数だけど……」「式はさっきと同じように考えればいい」という声が聞かれたので,式をそれぞれノートに書かせ,「60÷3」であることを確認していく。ここでは,ノートに「20」という答えまで書いている子が多く見られた。

「答えまで書いている人がたくさんいるけど,こんなに大きい数でも答えがわかるの?」

「答えは20枚だよ」

「この計算も簡単にできる方法がある」

「60の0をとって,6÷3=2。答えの2に,最初にとった0をつけて20になる」

この考え方は,既習である「何十×1位数」の学習を生かしたものと考えられるが,この時点でわり算でも同じことが言えるという確証はない。

そこで,先ほどと同じようにカードを黒板に貼って確かめることにする。

さっきみたいにカードを使って答えを確かめてみよう。
カードは何枚いるかな?

60枚。

でも60枚も貼るのは大変だよ……

カードは6枚でいいよ。

問題は60枚なのに6枚だけでいいの?
6枚でいいってどういうことかな?

ここで出された，「６枚でいい」という発言は，カード１枚を10の束として考えるという，本時のねらいに迫る見方・考え方である。

そこで，その見方・考え方を全員で共有するために，「６枚でいいってどういうことかな?」と問い返すと，数人が「わかった!」と手を挙げる。

このとき，１人を指名して発表をさせるが，ここでその見方・考え方の全てをいきなり１人の子どもに説明させてはならない。周りの子どもたちが，**自分で考えて新たな見方・考え方に気付ける喜び**を感じることができなくなってしまうからである。

ここでは，「声は出さずに何かヒントを出せる人はいないかな?」と投げかける。すると，Ａから「先生，数を書いてもいいですか?」と質問が出されたので，それを認めた上でＡを指名した。

Ａは黒板に６枚のカードを貼り，そのうちの１枚に「10」という数を書き込んだ。それを見た数名の子が，「あぁ〜!」「わかった!」と手を挙げる。

「Ａさんが書きたいことはこれで終わりかな?」

「まだ続きがある!」

「あと５つ数を書きたいはずだよ!」

「私に書かせて!」

と，初めは首をかしげていた子も勢いよく手を挙げる。こうして残ったカードに１枚ずつ「10」という数を書き込んでいくうちに，全員の手が挙がっていく。

ここで改めて，「60÷３の計算をするのに，どうしてカードは６枚だけでいいの?」と尋ね，ペアで説明し合わせる。

「６枚のカードに『10』と書いて，10の束が６個あることにするんだね」

「60÷３の60は10のまとまりが６個あると考えて，これを３人に同じ数ずつ配っていけばいい」

「６個を３人で分けるから６÷３＝２」

「１人分は10の束が２個だから，答えは20枚だ」

「そうか！　さっき60の０をとって６÷３で計算すると言っていたのは，10のまとまりで考えるということだったんだ！」

こうして，60を10のまとまりとして見るという見方・考え方を全体で共有していくことで，「何十÷１位数の計算も，10のまとまりで考えれば簡単に計算できる」ということを全員が理解できるようにしていった。

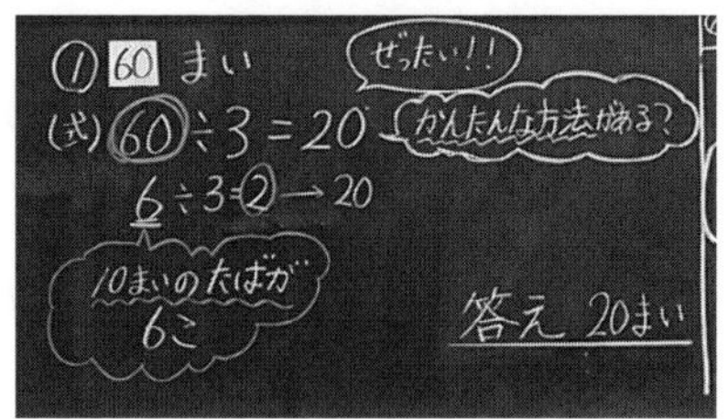

3.「さっきと同じってどういうことかな？」

最後に，カードが900枚の場合について考えさせる。「900」という数を提示すると，「え～！　そんなに大きな数？」と戸惑う子の中に，「それも簡単！」「さっきと同じだよ！」という声が聞かれた。そこで，式が900÷３になることを確かめた後，次のように問いかけた。

さっきと同じってどういうことかな？

60÷３のときみたいに，束をつくればいい。

さっきと同じように図を描けばわかりやすいよ！

カードの数は９枚だね。

そうか！　今度は100の束が９個と考えればいいんだ！

こうして，子どもたちは「100」と書いた９枚のカードの図を描きながら，「900÷３は900を100の束が９個と考えると９÷３で計算できる」ということを説明していった。

ここで再びペアで自分が気付いたことを表現し合わせることで，「何百÷１位数の計算も，100のまとまりで考えれば簡単に計算できる」ということを全員が理解できるようにしていった。

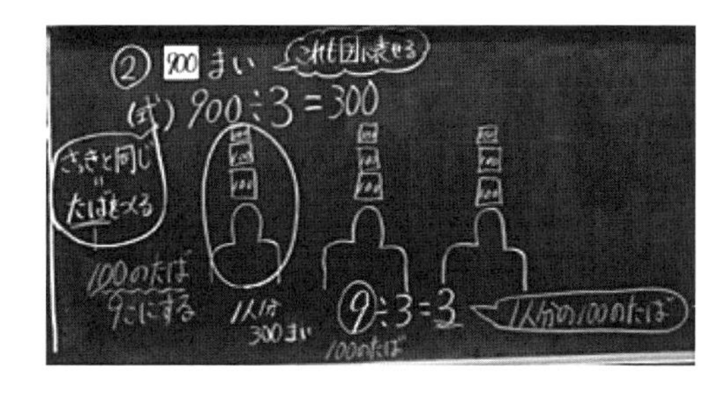

どの子も数学的な見方・考え方を働かせる授業を実現するためには，子ども自らが問いを持ち，それを解決しようと一生懸命考え，新たに見いだしたことを自分の言葉で表現できるようにすることが大切である。そのために，まずは子どもから授業のねらいに迫るための見方・考え方を引き出せるような問題場面を設定する。そして，ある子の気付きについて，全員がそれぞれ自分で考え，自分で気付く喜びを感じていけるような働きかけを工夫していくことが重要である。

5 角の大きさ

広島県呉市立仁方小学校　岩本充弘

本時のねらい

180°以上の角度の求め方を360°や180°をもとに考える。

本時の問題

この角は何度でしょう?

どのような見方・考え方を引き出すか

180°以上の角度は，補助線を引くことで見いだした角Aの補角（180°にするための角）と180°との和と捉えることや360°と角Aとの差と捉えて求めることができるという見方・考え方を説明できるようにする。

どのように見方・考え方を引き出すか

①「この角は何度でしょう」とだけ示し，「どこの角度を求めることができるか」と問うことで，「分度器（180°）で測れる角A」「分度器（180°）を超える角B」の２つの角があることを確認する。

②どちらが求めやすいかを問い，まずは角Aの角度を求める。その後，「角Bは何度くらいありそうか」と問うことによって，180°以上の角度であることを意識させるとともに，角Bの中に180°を見いだすことができるようにする。

③「180°以上の角度にはどんな求め方があると言えそうか」を問い，「補助線によって見いだした180°と角Aの補角の和」「360°−角A」の２つの考え方があることを捉える。

④320°の角を扱い，「この角度は，どちらの考え方を使って求めようとしているか」求め方とその理由を問うことで，180°以上の角度の求め方を自分な

りの理由をもって選択することができるようにする。

本時の流れ

1.「この角は何度でしょう?」

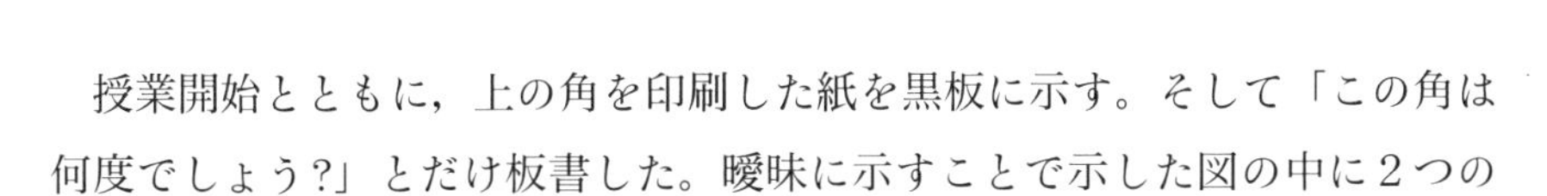

授業開始とともに，上の角を印刷した紙を黒板に示す。そして「この角は何度でしょう?」とだけ板書した。曖昧に示すことで示した図の中に2つの角があることを子どもから引き出そうとした。

やはり，しばらくすると「先生，どこのこと言っているのかわかりません」と声が上がる。「どこのことって，どういうことかな?」と別の子に問い返す。

すると「どっちの角のことかがわからないっていうことです」と返ってきた。周りの子どもたちも「そうそう」と反応が出始める。そこで「この角って，どこの角のことだと思うかな?」と返してみる。するとある子がやっと黒板の前に出て「ここかな」と角Aを示した。そしてもう1人の子が「こっちもあるよ」と角Bを示した。

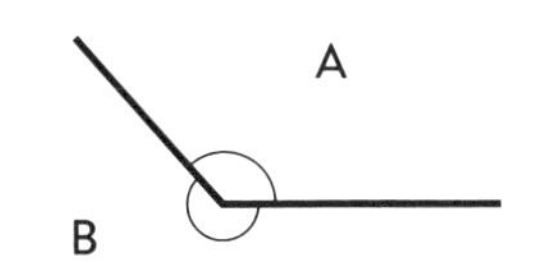

2.「こっちの角度，何度くらいありそうかな?」

「なるほど，『この角』だけだと2つの角があって，どっちのことだかわからなかったんだね。じゃあ，どっちの角の角度を調べる方が簡単かな?」と尋ねた。こちらの問いに，ほぼ全員が「こっち（角A）」と答えた。

理由を問うと「こっちの角は分度器で測れるから」とのこと。そこで実際に分度器を使って角Aの角度を求めるよう指示した。まずは全員ができる問題からスタートするとともに，角Bを考える際に，角Aを用いるためにはここで確認する必要があると考える。

「こっち（角A）は130°だ」と，ほとんどの子がすぐに角Aの角度を求めることができた。
　そこで，「じゃあ次はこっちの角だね」と，角Bについての話題を切り出す。
「こっちの角，何度くらいありそうかな?」と問うた。
　すると，何人かの子どもたちが以下のようなやり取りをした。

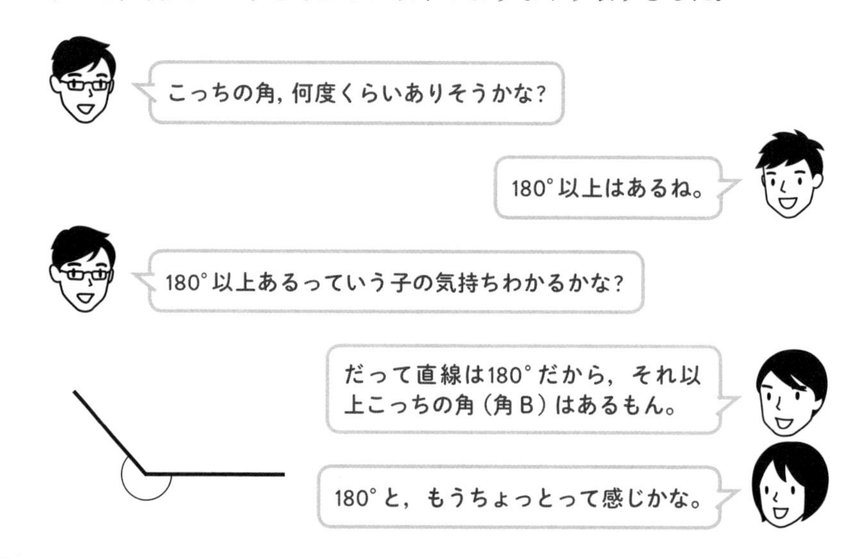

　この発問によって，「180°以上はある」という言葉を引き出しておくことで，自然と補助線による180°を見つけ，その補角を求めることができると考える。
「直線は180°」「180°と，もうちょっと」という言葉の意味を，再度複数の児童に述べさせた後，角Bの角度の求め方を各自で考える時間を取った。
　ここから話題は角Bの求め方に移っていく。
　まず，「角Bは何度ですか?」と尋ね，答えから求め方へと展開していくことにした。子どもたちからは，「230°」と答えが返ってきた。
　次に230°の求め方を尋ねた。
「最初の130°を180°から引くと，180°－130°=50°になって，その50°と180°を足して230°を求めました」

この説明を聞いて「そういうことか……」と呟く子がいた。

すかさず「どういうことに今反応したの?」と聞き返す。

「僕はその50°を測って求めたんだけど，今のは調べた角度を使っているから，そのやり方もいいなあって思って」と自分の求めた50°とは違う方法で50°を求めたことに感心していた。

しかしまだ，50°がどこの角を求めたことであるか全体で共有をしていないため，「50°ってどこの角を求めたことなのかな?」と問い，「さっきの180°とちょっとの『ちょっと』の部分のこと」であると補助線を引いて，180°と50°の角を説明する姿を引き出した。補角である50°を「分度器」や「計算」で求める姿を価値付けた。同時に180°＋50°の式も板書に残した。

3.「360は何を表しているのかな?」

「なるほど，みんなこのやり方なんだね」と言うと，

「いや，130°を使って他の方法でも230°も出せるよ」という声が挙がる。

その子に式を言わせ，「360－130＝230」と板書した。すると，数の意味を考えて悩む声が上がり，その声を全体で共有していった。

360ってどこから来たのかわからないんだけど……。

360は何を表しているのかな?

360は，1回転が360°っていう意味だよ。

360°から，最初の130°（角A）を引くから，
こっちの角（角B）が230°になるんだね。

図と式の数とを色を分けて関連付けた説明をさせたことで，数の意味をわかりやすく捉えることができた。悩んでいた子も納得の表情であった。

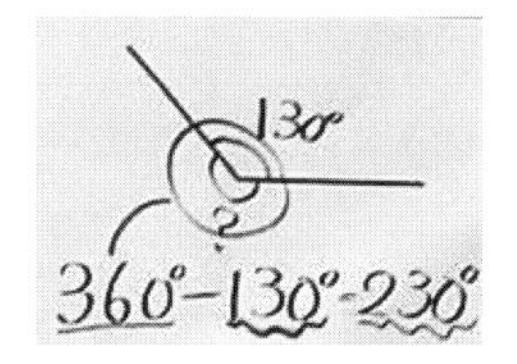

4.「180°以上の角度にはどんな求め方があると言えそうかな?」

ここで一度，ここまでの解決過程を振り返り促す場面を設定した。扱ってきた２つの考え方を２色のフレームで囲み，「180°以上の角度にはどんな求め方があると言えそうかな?」と問うた。

子どもたちは解決過程から，「180°を用いたたし算」と「360°を用いたひき算」の２つの求め方があることを捉えることができた。そこで，別の180°以上の角度も求めてみることにした。

5.「どちらの考えを使って求めようとしているの?」

示したのは，320°と40°の角を印刷したプリント。求める角（320°）を伝えると，さっそく子どもたちは角を求めようと動き始めた瞬間，次の発問でその動きを止めた。

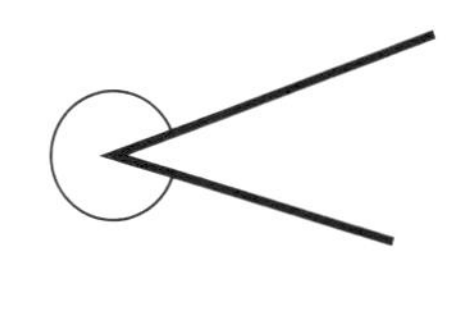

「和と差のどちらの考えを使って求めようとしているの?」

全員に挙手させると「和とみる考え」で求めようとする人数よりも「差とみる考え」を用いて求めようとする人数の方が多かった。自分の選択の理由を隣同士で話し合わせた後，全体で共有すると，「すでにある角を測って，360°から引くほうが早いから」という理由が多かった。

しかし，「補助線を引いて180°に足す方が安心する」「どっちにしても180°の線を引いてから角度を測るんだから，角度を測る回数はどちらも一緒」と「和とみる考え」の子にも選択の理由があった。

最後は自分の選んだ求め方で角度を求め，授業を閉じた。

本時の中で見いだした「補助線によって分けた２つの角の和」とみる見方・考え方や「全体（360°）から部分の角を引いた差」とみる見方・考え方は，本単元に限らず，複合図形の面積や体積，四角形の内角の和や式の読みなどにも係る見方・考え方であり，その学習意義は大きい。「あのとき，補助線を引いて，習っている180°を使って考えたり，360°を使って引いたりした考えに似ているね」と上記の単元を学習したときに本時の経験を想起して問題を解決したり，解決後に本時の経験を想起して統合したりすることができる子どもたちの姿を期待したい。

6 小数のしくみ

昭和学院小学校　中村潤一郎

本時のねらい

十進構造の単位の構成に着目して，1/10の単位に満たない大きさの表し方を考える。

本時の問題

１を10等分した１つ分（0.1）よりも小さい大きさのマスをつくって陣取りをします。どのようにしてマスをつくり，その大きさをどのように表せばよいでしょうか。

どのような見方・考え方を引き出すか

整数では１が10個集まると10，10が10個集まると100，……，というように，ある単位の大きさが10個集まると新しい大きな単位をつくって表す仕組みになっていた。このことを想起し，単位を小さくするにはその逆をすればよいと考えて，既存の単位を10等分して新しい小さな単位をつくっていこうとする見方・考え方を引き出す。

どのように見方・考え方を引き出すか

1/10の位までの小数については，既習である。したがって右の図のように，既存の目盛りでうまく測れない水のかさに対して，さらに10等分した目盛りをつければよいと考えることは，子どもにとってそれほど困難なことではない。しかし，だからといって，すぐに「そうだよね」と同意して先に進めるのではなく，なぜ，10等分なのかを考えさせるようにしたい。

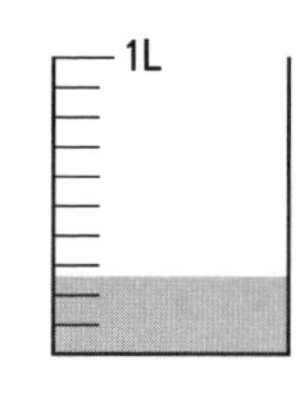

なぜ，10等分なのか。10等分でないと困ることがあるはずである。それは，

整数と同じように大きさを表すことができないことである。この困ることを子どもに経験させ，整数と小数が同じ十進位取り記数法に基づいていることに気付かせたい。その手だてとして用意するのが，〝陣取りゲーム〟である。

本時の流れ

1.「じゃんけん陣取りゲームをしよう」

“ゲーム”と聞くと，子どもたちは大喜び。はやる子どもの心を制して，次のルールを説明する。

（ア） 2人組でじゃんけんをする。
（イ） 勝つたびに，1マスずつ塗っていく。
（ウ） 終わりの合図のとき，多くのマスの色を塗っていた方が勝ちとなる。
（エ） ゲームで使う用紙は，右のものである。

説明を終えるや否や，不意に用紙を破る。今，まさに見せていた用紙を10等分するのである。10等分した１つ分を掲げ，「使うのはこれです」と話して，その１つ分を１人ひとりに配っていく。

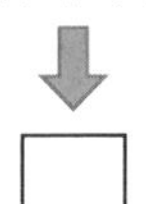

配りながら，「えっ，でも……」という子どもの呟きが聞こえてくる。しかし，ここはあえて聞こえないふりをして，「さあ，始めよう!」と呼びかける。この呼びかけに応じ，素直にじゃんけんを始める子どもたち。だが，教室の賑やかさは，長くは続かない。

「あれっ，もっと盛り上がっていいのに，どうしたの?」

「つまらないよ」「だって，陣地が１マスしかないから，１回のじゃんけんだけで勝負が決まっちゃうもん」

あっという間に終わっても，勝負は勝負。ここで，全員に勝負の結果を発表してもらう。その際，「私が勝った」「負けた」と話すのではなく，使った用紙全体の大きさを１点としたときの，自

1点

分が獲得した点数を前の席の子どもから順番に報告してもらうことにした。
「１点」「０点」「０点」「１点」「１点」「０点」……。

子どもたちが「つまらない」と話したとおり，陣地は用紙全体の1つ分しかないので，点数は「１点」か「０点」のどちらかとなる。

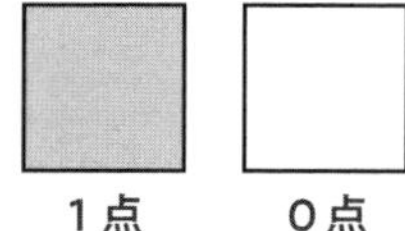

全員が点数を話した後，「もっとやりたいよ」の声に応えるようにして，２回戦を行うことにした。

「さっきの，10等分する前の用紙でやればいいじゃない」

先ほどと同じ紙を配られたらたまらないと言わんばかりに，別の大きさの用紙を要求する子どもたち。ちなみに，子どもの言う10等分する前の，最初の大きな用紙を使ったら，用紙全体の陣地は何点と表すことができるのか。

「10点だよ」「どうして?」

「１点の陣地の大きさが，10個集まっているから」

『１が10個集まると10になる』という，整数での十進位取り記数法の原理をここで確認する。その後で，「さっきの用紙はこうしてバラバラに切っちゃったから使えないね」と話しながらも子どもの要求をのみ，今度はじゃんけん勝負を複数回行えるようにと，先ほど使った用紙に10等分の線を書き加えた新たな用紙を配っていった。

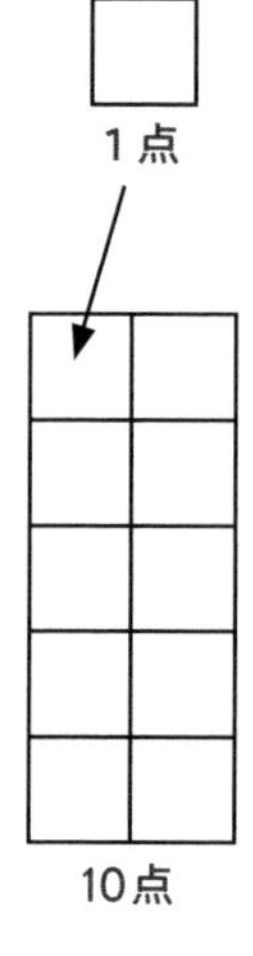

2.「5点はあり得ないでしょ!!」

「では，２回戦を始めましょう」

用紙は10等分した線によって，10個の陣地に分かれている。したがって，この２回戦は，10回の勝負を楽しむことができる。

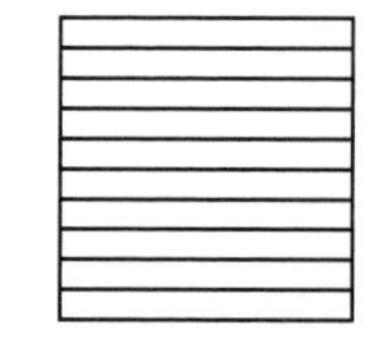

「じゃんけんぽい!」「やった!」

勝負を楽しんだ後，２回戦の結果を再び１人ずつ，点数で報告してもらうことにした。前から順番にと，最前列に座る子どもを指名すると，その子は「５点」と話した。この子の対戦相手も，「５点」と話す。この結果を聞いていた他の子どもたちも特段，何の反応も起こさない。

　そのような中，声を大にしてこう投げかける。

「いや，５点ってことはあり得ないでしょ!!」

　教師のこの発言に驚き，教室は静かになる。

「えっ，どういうこと?」「５つ分を塗ったのだから，５点でいいよね」

「いやいや，そんなことはない!」子どもたちの反論を強く否定する。

　ざわざわとする子どもの姿を見ながら，さりげなく体を黒板に近づかせ，黒板の〝ある場所〟に手を伸ばす。

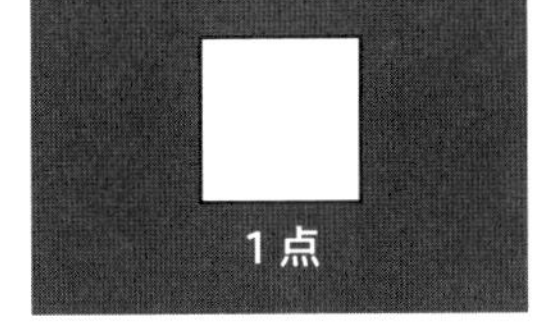

「あっ，そういうことか!」

“ある場所”には，右のように，最初に（１回戦で）使った用紙が貼られ，１点と書かれていた。

「そういうことか」って，どういうこと?

最初の「1点」の用紙を10等分したマスを使っているのだから，1点よりも小さな点数になる。

1点を10等分した1つ分は「0.1点」と表せる。0.1点のマスが5つ分だったら，0.5点になる。

　こうして，１点より小さい点数を小数で表し，その点数は５点ではなく0.5点と表すべきことを全員で確認した。ここまでは，３年生での既習である。

3.「どうして，この用紙ではダメなの?」

「もっとやりたいよね!?　ではもう１回，３回戦目をやろう!」

　３回戦で使う用紙は，２回戦のものをさらに細かく等分し，勝負する回数を増やすことにした。

では，さらに，どのように細かく等分した用紙を使えばよいか。

「また10等分すればいい」「２回戦で使った用紙を10等分する」

案の定，さらに10等分するというアイデアは，すぐに子どもたちから出てきた。しかし，その反応に対してすぐに「そうだね」とは言わず，次のように返す。

「なぜ，また10等分するの?」

「えっ，だって……」

さらに10等分したい理由をうまく言い表せない様子。

であれば，「じゃあ，３回戦はこの用紙にしない?」と話して，右の用紙で行うことを提案する。２回戦で用いた用紙を，縦方向に８等分したものである。

用紙の横方向のマスの数を数えた子どもから，「ダメだよ」の声が上がる。

どうして，この用紙ではダメなの?

ずっと10ずつだったのに，変になってしまう。

そう。10じゃなく，８になっちゃう。

何を言っているのかうまく伝わっていない子どももいる。そこで，「ずっと10ずつ」「10じゃなく，８になって変」について，近くの子ども同士で確認する時間を設けた。

「ああ，そういうことか」

「ここだよ，ここ!」と話しながら前に出てきて，黒板のある場所を指す子どもがいた。

さらに，続けて次のように話す子どももいた。

「大きな数を学習したときも，千が10個集まると一万，一万が10個集まると十万，……，というように10，10となっていた。だから……」と話したところでこの子どもの発言を制し，「だから，何?」と全員に尋ねた。

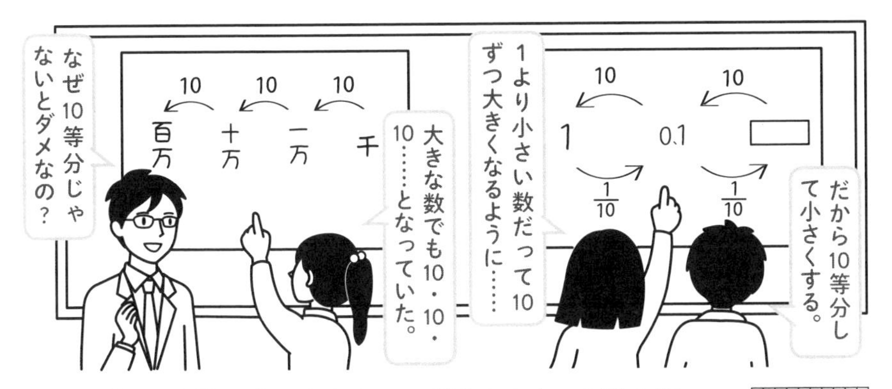

この後，２回戦のものをさらに10等分した右の用紙を配って３回戦を行い，再び勝負の結果を点数で表してもらった。

１マス分を１回戦では１点，２回戦では0.1点と表してきた。では，３回戦のこの用紙では，１マスを何点と表せばよいか。

「１→10→100というように，数が大きくなると右に０を１つずつ増やしてきた。１より小さくなるときは１→0.1だったから，今度は左に０を増やしていくんだよ，きっと」

子どもが十進位取り記数法の原理に気付いたところで，「0.01」の表記と読み方を教えた。

最後に，１～３回戦を行った自分の総得点を表現させた。総得点は，１回戦から塗ったマスの数を順番に並べて表せばよい。その容易さから，子どもたちは改めて十進位取り記数法のよさを味わえたようだった。

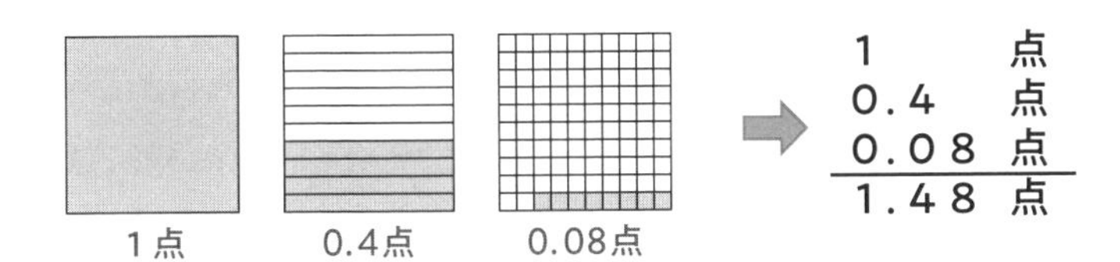

7 小数のたし算・ひき算

熊本県熊本市立白川小学校　清水修

本時のねらい

小数の仕組みをもとにして，100分の１の位までの小数の加法の計算の仕方を考えることができる。

本時の問題

さんす君は家から駅まで4.□□km進み，さらに3.□km進みました。
さんす君はどれだけ進みましたか。

どのような見方・考え方を引き出すか

・小数をだいたいの数として捉え，単位小数のいくつ分という考え方や同じ位の数を揃えて計算する考え方を引き出す。

どのように見方・考え方を引き出すか

問題提示においては，純小数部分（小数点以下）の数値の一部を隠して提示する。そうすることで子どもたちは「たし算をすれば，およそ７km」と見通しをもつことができる。

隠した数値を伝えた後に「筆算で計算しよう」と投げかける。あえて，位をずらした筆算の式を提示すると，子どもたちは「それじゃ計算が合わなくなるよ」と反応する。「何で計算が合わなくなるの?」と教師が返すことで，「位が揃ってないから」と子どもたちが位に目をつけて理由を言い始める。

教師は「位って何かな?」「どうして位を揃えなくちゃいけないの?」「７ってなにが７つあるの?」などを問いかけることで，4.72は１が４つで，0.1が７つで，0.01が２つという構成的な見方や，4.72は0.01が472個あるという単位小数の話まで深めていく。

本時の流れ

1.「どのくらい進んだのかわかる？」

まず問題文を提示した。

さんす君は家から駅まで4.□□ｋｍ進み，さらに3.□ｋｍ進みました。
さんす君はどれだけ進みましたか。

7

ここでは，純小数部分（小数点以下）を隠して提示した。隠して提示したことで子どもたちは，「□がわからないと答えが出ないよ」「でもけっこう歩いているよね」「歩いてそんなに行ける？」などと呟いていた。

「まず何算かわかる？」

「たし算です」

「なんでたし算になるの？」

「だって『さらに』っていうのは付け足すってことだから」

そこで「どのくらい進んだのか全くわからないの？」と聞く。

「だいたいどのくらい進んだのかはわかるよ」

「みんなどのくらい進んだのかわかるの？」と確認をする。

簡単にわかりそうな質問ではあるが，全ての子どもがピンとくるわけではない。丁寧に確認しておく。

挙手で「わからない人？」「わかる人？」と確認。

その上で「どうして，どのくらい進んだのかわかるの？」と尋ねる。

A「4kmと3kmだから，合わせると7kmです」

B「一の位はわかっているので一の位同士を足すとわかる」

C「でも□の数によっては8kmになるかもしれない」

などという声が聞かれる。

AとBの発言は言葉が違うが同じ内容である。よくわかっている子どもほどAの意見が発表されると「Bは同じだから言わなくていいや」という思いが働き，考えが表出されないことがある。そこで本時では，まず考えをノートに書かせて発表させた。

「一の位って言ってるけど，一の位ってどの数字かな？」

「一の位は４と３です」

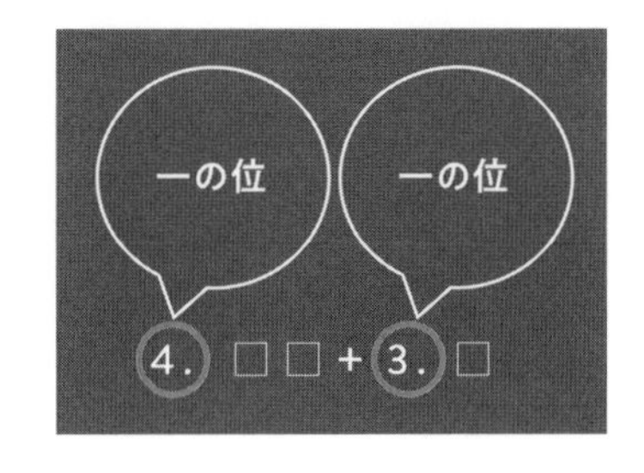

「一の位って算数の言葉を使っているのはいいね」と価値付け，一の位の数字をチョークで囲み，『一の位』と板書する。本時では位に目を付けることが重要になるので授業の序盤で子どもから「位」という言葉を引き出し，意識させておくことが重要である。

Ｃの発言については，ここでは扱わず「後で考えようね」と話して次に進む。

2.「揃えないとだめだよ？」

「□に何の数字が入るのかを教えるね」

□に入るカードを準備しておき，そのカードを裏返すことで数値を明かしていく。カードで「じゃあ4.72＋3.2になるね」と子ども。

「では，筆算で計算してみようか。先生が式を書くね」

「揃えるって右端が揃っているでしょ」
「そうじゃなくて，位を揃えるってこと」
「なんで位を揃えなくちゃいけないの」
「このままじゃ答えが合わないよ」
「答えが合わない?」
「例えばこの７だったら，0.1が７個あるってことで……」
「ちょっと待って。Aさんが言ってることわかる」
ここでAさんが話した内容の確認をペアで行った。
「次に，この数の『３』は１が３個あるってことだから，２つの数字（７と３）を足すとおかしいよね」
「じゃあ，３＋0.7はできないの」
「できるけど，そういうことじゃなくて……」

Bさんは黒板に筆算の式を書き，位ごとに線を引いて位取り表のようなものを描き始めた。書いている途中で止め，「Bさんが今からしたいことわかる?」と聞き，ペアで確認をした。

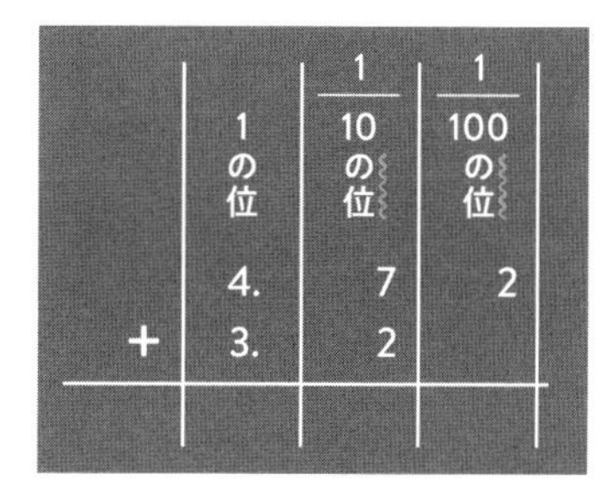

「Bさんは位を分けたいんだと思うよ」
「こういう部屋みたいに分かれていて，1の位は1の位に小数第1位はその部屋に入らないといけないです」
「みんなもBさんみたいな式が書けるかな」
ノートに式を書く。
「じゃあそのノートを持って，さっきの部屋の話をペアを組んで３人の人に説明しよう」と複数での対話の機会をもった。
「今，友達に説明したことをノートに整理しよう」
このように理解させておきたい見方や考え方は，ペアでアウトプットさせ，ノートに整理することで定着を図る。

「じゃあ筆算で計算できるよね」
子どもたちは計算をする。

3.「5は0.01が500個ある」

次の問題を提示する。
「5＋2.34はいくつかな？」
「すぐにわかるよ！」

5 + 2.34 = 2.39

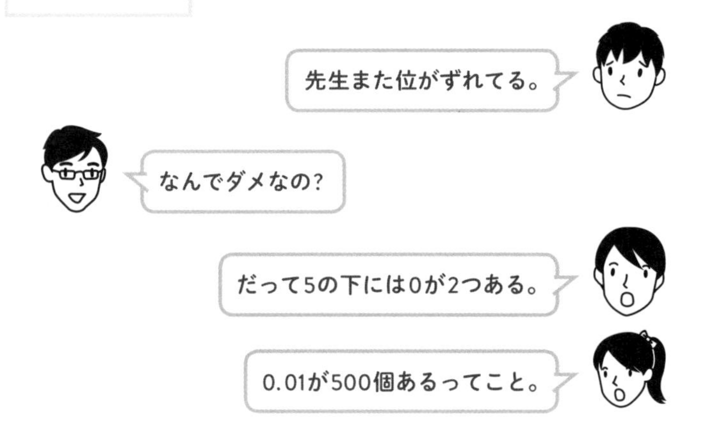

先生また位がずれてる。
なんでダメなの？
だって5の下には0が2つある。
0.01が500個あるってこと。

「0.01が500個ってどういうこと？」
「0.01が10個集まると0.1。0.1が10個集まって１。つまり，0.01の10個がさらに10個集まっているから100個ってこと。それが，５個集まっているから，500個っていうこと」
前の計算では筆算で提示し位に目を付けるように促したが，次の問題では筆算ではなく５＋2.34と式を書く提示をした。そのことで５は0.01がいくつ分かという構成的な見方が出るようにした。
「じゃあ2.34は？」
「2.34は0.01が234個ある」

「だから0.01が500＋0.01が234」
「他の考え方もあるよ」
「2.34は1が2個，0.1が3個，0.01が4個ってことだから」
構成的な見方について板書していくと，子どもたちは既習である単位小数の考えに目が向く。そこで，それを取り上げて学びを共有する。

4.「次は位を揃えて下さい」

じゃあ3問目。次の計算もできるかな？

また先生はわざと間違えるんじゃない？

次はちゃんと位を揃えて下さい。

この子どもたちの言葉は，小数のたし算の筆算の見方が育ったからこそ出てきた言葉である。
「筆算のコツがわかったんだね」と位取りの大切さを価値付けた。
ここで，1問目のC「でも□の数によっては8 kmになるかもしれない」について話題にした。
「さっき，7 kmじゃなくて8 kmになることもあるって言った人がいたよね。どんな思いでそんな言葉を言ったんだろうね」
「0.1のところが10個集まると，一の位に繰り上がるから……」
「さっきは，『7』と『2』だったから，繰り上りはなかったけど……」
「もし，0.1のところが『7』と『3』だったら8 kmになるね」……
0.1の何個分という構成的な見方が引き出された授業となった。

8 わり算の筆算÷１桁

熊本県熊本市立飽田東小学校　藤本邦昭

本時のねらい

２桁÷１桁（72÷3）を求める方法を考え，被除数を分割して計算するよさが理解できる。

本時の問題

72個のみかんを３人に同じように分けると，１人分は何個ですか。

どのような見方・考え方を引き出すか

被除数が九九１回適用を超えるわり算で，被除数を「除数の何十倍」と「そのあまり」のように分けて捉え，別々に計算した後に合算する考え方を引き出す。また「等分除」と「包含除」の意味の違いや場面に応じた適用力についても引き出す。

どのように見方・考え方を引き出すか

本時の問題は「72÷3」であるが，いきなりは提示しない。まずは，「□個のみかんを３人で分けます」という場面で，□に入れる数字を選ばせる。はじめに九九１回適用で解決できる問題解決の中で，等分除を操作的・図的に想起させる。その際，包含除との違いも取り扱いながら，等分除を意識させる。次に「60÷3」の式に出合わせ，「60を⑩の6個分」という10を単位にしたときの6÷3に帰着させていく。「60÷3も6÷3のように考えられる」という声を引き出すのである。さらに，72÷3の式を提示したときは，これまでの等分除の操作的な表現や図的な表現を活用して，「３人で分ける」というイメージを共有させる。その上で72を60と12に分ける考えを引き出し，「12÷3」や「60÷3」を使って解決を図っていきたい。「60までなら分けられるのに……」という子どもの呟きを生かしながら，被除数を分割して考えるよさを引き出していきたい。

本時の流れ

1.「6個のみかんを3人で分けると？」

「□個のみかんを3人で分けます」と板書する。□の中に「6」を書き込み丸いマグネット6個を黒板に1列に並べる。その下に人の形の図を3つ描く。
「6個のみかんがあります。3人で同じように分けると1人分は何個でしょう」と問いかける。3年生の初期の学習である。子どもたちは一様に簡単だと言い「2個です」と答える。しかし「えっ？　3個じゃないの。6で3取るから残りは3でしょ?」ととぼける。一斉に反発の声。
「わかった。わかった。じゃあ，ノートに○を6個，人を3人描いて，1人分が3個じゃない図を描いて下さい」と促す。

子どもたちは，○図を描き出すが，○を3つずつ囲む子も数名いる。これでは包含除の説明図である。ここでのねらいは「等分除」と「包含除」の違いの確認である。この違いを理解することが，適用場面を判別する力となる。「等分除」と「包含除」は，操作の上では，さほど表現方法の簡便さに違いがないが，図にしたとたん等分除は描きにくくなる。

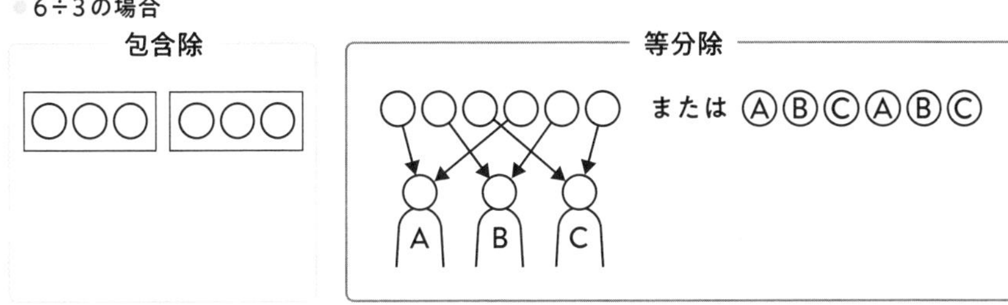

包含除と等分除の図が混在する中，1人の子どもに黒板のマグネットを題意にそって動かしてもらう。すると，包含除で図を描いていた子どもたちは自分の図が題意を表していないことに気付き出す。
「そうか，これだと2人に3個ずつに見えてしまうんだ」

2.「わり算ゲームをしよう」

【ルール】教室を２分割して２チームに分ける。代表が□に入るカードを，１枚ずつ引いてわり算の答えが大きい方が勝ち。
ただし，割り切れないときは負け。

Ａチームとｂチームに教室が分かれ，ゲーム開始。Ａチームからカードを選ぶ。大きな封筒の中の４～５枚から１枚だけカードを引かせる。１回戦の封筒の中には，「12」「24」「30」を２枚ずつ入れている。

「Ａチームは12でした。わり算の答えはいくつかな」

「12÷３＝４です」「４点かぁ……」

ここで「みかんのお話にすることはできますか」と問い「12個のみかんを３人で分けると１人分は４個」という発言を引き出す。

続けてＢチームが１枚引く。「やったー。30だ!」「式は30÷３です」

「ところで九九の中に30ってないよね。三九27ですから，30はありません。これ，割り切れないんじゃないの?」とゆさぶる。

「割り切れます！ 10です!」と反論する子どもたちに，説明を求めると「３の段は３つずつ増えていくから，３×９＝27に３足して30」

「10×３＝30だから，30÷３の答えは10です」と説明する。ここでも「みかんのお話」に置き換えさせる。

「30個のみかんを３人で分けると……」

この２問は，「九九」という枠の中のルールを引き出すための式である。同時に，式を言葉に置き換える活動を仕組むことで，包含除と等分除のどちらの考えかを意識させていく仕掛けでもある。

２回戦。Ａチームが引くときに封筒を変える。中には「60」「90」が２枚ずつ。「何十÷１桁」を取り扱うためである。

「Ａチームは60でした。割り切れるかな?」

「割り切れるよ!」「なんとなく6と3の数字だから割り切れそう」
「図を描いて考えてみよう」と促す。○を60個描こうとして挫折した子どもが多い中，⑩を6つ書いている子どもがいた。黒板で紹介すると，「さっきの6÷3と同じだ」という発言が聞こえた。
「60個のみかんを3人に分けるから，1人分は20個だ」
「20×3も60になっている」「20点だね」
次にBチーム。こっそり封筒を交換。中には「72」が4枚。ここまでするとゲームでも何でもないが，問題設定は，偶然ではつくれない。子どもたちはここまでの数字カードに偶然性を感じており，操作されているとは1ミリも疑っていない。Bチーム代表の子どもは，祈るように袋から1枚引く。「72だ!」若干，心が痛む。
「Bチームは72でした! 残念。割り切れませんね。Aチーム，おめでとう!」と大げさに教室全体に語りかける。
「やったー」「えっ? 割り切れないの? 本当?」それぞれの思惑が交錯する。教室全体に「72÷3を解いてみたい」という雰囲気ができた。ノートに式を書かせ，自力解決の時間を取った。

さっきと同じように⑩を使うと72は描けそうだ

3人で分けていくと，60まではできる。

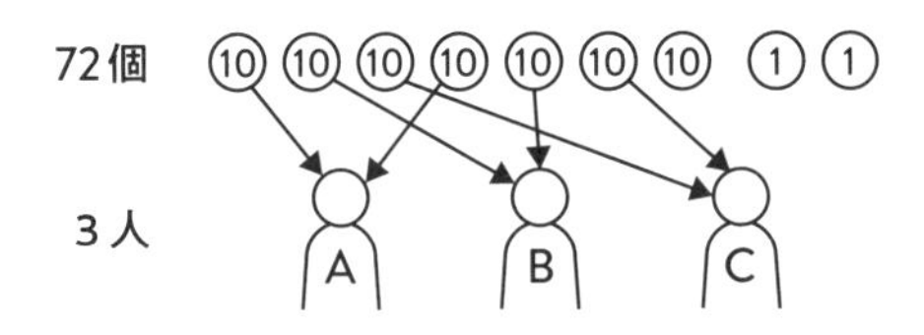

これまでの学び，つまり「みかんを等分する」という具体的な場面や「⑩

を単位とする図表現」などを駆使して取り組んでいる。

3.「みんながわかるような説明をしてね」

ここで，教室の解決具合をリサーチする。図まで描けて，答えを導き出している子は２割程度。そこでペアトークを設定する。およそ５分間，席を自由に移動させ，「自分が本当にわかるまで聞きに行こう!」と促す。子どもたちは対話によって学びを進める。

このときペアトークの中で聞こえてきたやり取りがある。

⑩⑩⑩と⑩⑩⑩と⑩と①①に分けるでしょ……

そうか，30 ÷ 3と30 ÷ 3と……10 ÷ 3と2 ÷ 3？

72を分けて計算しようとする考え方は出てきたが，適切な分け方が見つからない子どもの姿である。これらを見取り，ペアトークを終了させる。

「話し合いをしたけれど，まだ，よくわからない人っている？」と尋ねると４，５人が挙手をする。ここで，友だちに説明を聞いた子どもを指名する。

「○○さんと話し合って，教えてもらったんだね。みんながわかるような説明をしてね」

この一言で，指名された子どもは「責任が自分１人ではない」という気持ちの余裕を生む。同時に，説明が上手にできれば，教えた子どもも自己有用感をもつことができる。

4.「12は10と1と1に分けると……」

指名された子どもは黒板の前で，図を描き始める。

⑩ ⑩ ⑩　⑩ ⑩ ⑩　⑩ ① ①
A B C　A B C

ここで，説明を止めてゆさぶりをかける。

最後に，式を書かせた。

60÷3＝20	12÷3＝4	20＋4＝24

終末では，「72でも，⑩を使って60と12に分けると3で割り切れることがすぐにわかった」という振り返りも見られた。

2桁÷1桁の導入素材は，アレイ図などを使えば，72を27と27と18に分けて，九九を1回適用しながら部分解を求める考え方を引き出すことができる。

$$(27\div 3)+(27\div 3)+(18\div 3)=24$$

ただ，この後に続く筆算につなげる意味では，できるだけ一方が大きな数になるように分ける考え方の汎用性は高くなる。また，筆算指導の中では，120÷24のように除数が2桁以上に大きくなれば，等分除だけなく，包含除的な考え方（120個から24個ずつまとめていく）が適用されていくだろう。

だからこそわり算の等分除・包含除の理解は欠かせないのである。

9 わり算の筆算÷２桁

山梨県甲府市立国母小学校　角田大輔

本時のねらい

今までに学習したわり算の筆算と同じように，自分なりの数の見方をもとにした筆算をすることができる。

本時の問題

892÷27の計算の仕方を考えよう

どのような見方・考え方を引き出すか

・「割られる数の中に割る数がいくつあるか」という包含除の考え方をもとにして商の見当をつけるという見方・考え方を引き出す。

どのように見方・考え方を引き出すか

計算の意味を考えながら筆算ができる子どもを育てたい。そのために，２桁÷２桁のわり算を学習する時点において，アルゴリズムに頼らない「積み上げ式」「取り消し式」の筆算形式を子どもとつくっていく。これらの筆算形式は，現時点での自分の数の見方がノートに残る。徐々に洗練された筆算をつくることができるようになると，自身の数感覚が豊かになっていくことが実感できる。また，消しゴムを何度も使うような面倒な仮商修正がいらないというよさがある。

● 積み上げ式

```
       1 ]
       4 ]5
 17)92
    68
    24
    17
     7
```

● 取り消し式

```
       5
       6  (取り消し線)
 17)92
   102  (取り消し線)
    85
     7
```

計算の意味の考え方がぶれないように，本単元ではわり算の意味を「割られる数の中に割る数がいくつあるか」という包含除の考えで統一する。割る数，割られる数の「まるめ方」が子どもの数感覚が表れる部分である。それぞれの数の見方が自覚できる展開にして，終末では最も洗練された筆算がよいことをつかませていく。

本時の流れ

1. これまでに身に付けてきた見方・考え方

前時まで，２桁÷２桁＝商１桁，３桁÷２桁＝商１桁の学習を行った。本時は，３桁÷２桁＝商２桁を初めて学習する。「わり算の筆算÷２桁」の単元の後半部分であるので，これまで学習してきた計算の意味や，数の見方，そして計算の仕方を定着させることが大切である。

計算の意味については，「割られる数の中に割る数がいくつあるか」という包含除の考えをしてきた。

数の見方については，除数のみ「まるめる」見方（例えば92÷17の場合は，17を20とみる）をしてきた。単元中盤あたりから被除数もまるめる児童も出てきたが，全体では取り上げてこなかった。両方の数を一緒にまるめる見方をすると混乱する児童もいると考えたからである。

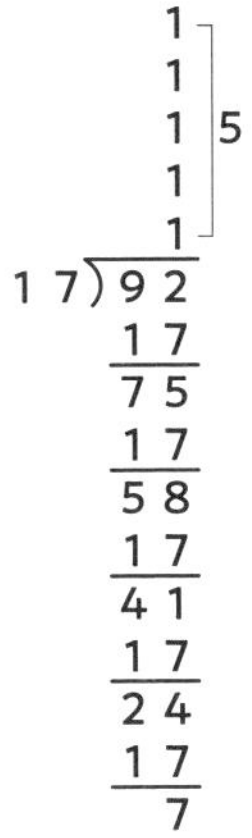

最後に，計算の仕方については，自分の数の見方をもとにした「積み上げ式」「取り消し式」の筆算を行ってきた。はじめのうちは「92の中に，17は１つあるよね」と言って右のような積み上げ式の筆算をした児童も多かったが，次第に「面倒くさい」「計算間違いをしやすい」ということになり，少しずつ洗練された筆算形式になってきている。

```
        1 ┐
        1 │
        1 │5
        1 │
        1 ┘
 17 ) 92
      17
      75
      17
      58
      17
      41
      17
      24
      17
       7
```

2.「今までに習っていないわり算だけど……」

本時の課題「892÷27の計算の仕方を考えよう」を提示した。

T：今までと違うところはありますか。

C：今までの計算は商が１桁だった。この問題の商は十の位から立ちそう。

T：どうしてそう思ったのですか。

C：892の中に27は10以上ある。だって，27が10個あると考えると，27×10＝270だから。

T：わり算の意味は今までと同じように考えましたね。

C：計算も今までと同じように「積み上げ式」「取り消し式」を使っていけばできそう。

T：どうやって商の見積もりをしていけばよいかな。

C：割る数は，27だから30に近い。割られる数は892だから……。

このように，導入時においてわり算の意味や計算の仕方は変わらないことと，除数をまるめれば商の見積もりがしやすくなること，商が十の位から立つことが今までと変わることを引き出して，自力解決の時間へと移った。

3.「商の立て方がいいのはどの方法かな？」

比較検討の過程では，筆算の途中ではあるが，まずは十の位までの数の見方を検討した。数の見方が最も洗練されている「のりお（児童名は全て仮名）」の考えを価値付けるために，下の板書（板書中央部分を抜粋）のとおり，左から順に４人の児童の考えを取り上げた。

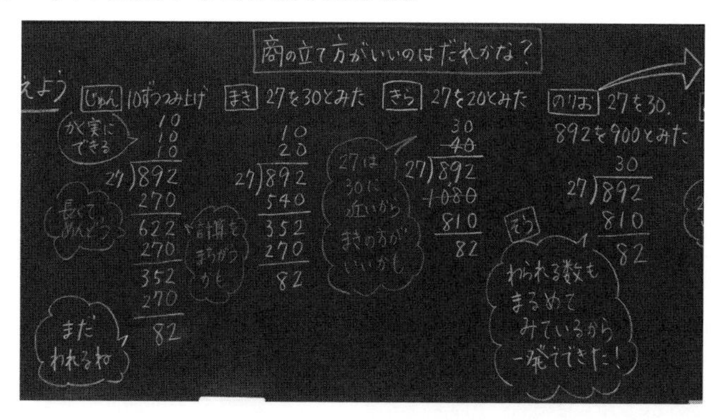

それぞれの数の見方を読み合った。まず，「じゅん」の考え方である。商が十の位に立つ３桁÷２桁のわり算は初めてなので，筆算の過程を読む活動を丁寧に行った。商に10を立てたところを問うた。

じゅんさんの筆算の「622」は，何を表していますか。

892から，27を10個取った余りの数。

「じゅん」の筆算について，他の児童から「長くて面倒。ノートが無駄になる」「何回も計算するから間違いやすい」という意見が出された一方，「でも，10ずつ取っていけば確実に商が出せる」という意見も出された。

いちばん多いのが「まき」のやり方だった。除数をまるめて30とみる考えである。被除数をまるめた見方はしていなかった。

次に「きら」のやり方である。これは除数を20にまるめた考えである。他の児童から「27は30の方が近いから，30とみた方がいい」「でも，大きい商を立てても，取り消せば大丈夫」との意見が出された。

最後に「のりお」の考えを検討した。今までの学習では，「まき」のように除数だけをまるめて計算したが，本時では被除数もまるめるよさを伝えたかったため，このような数値設定にした。

のりおさんは
数をどのようにみて
計算しましたか？
割られる数も
まるめました。
892を900とみて
900÷30をしました。
割られる数も
まるめたら，商を直さず
一気に計算できた！

ここまで，十の位の商の立て方について，誰の方法がよいか検討してきた。これまでの計算の過程を見て，82の部分に着目しながら，次のように問うた。

T：筆算はもう終わりでいいかな。

C：まだ82も余っている。割る数が27だから，まだ割ることができる。

4.「前の計算を使えば簡単に商を立てることができる!」

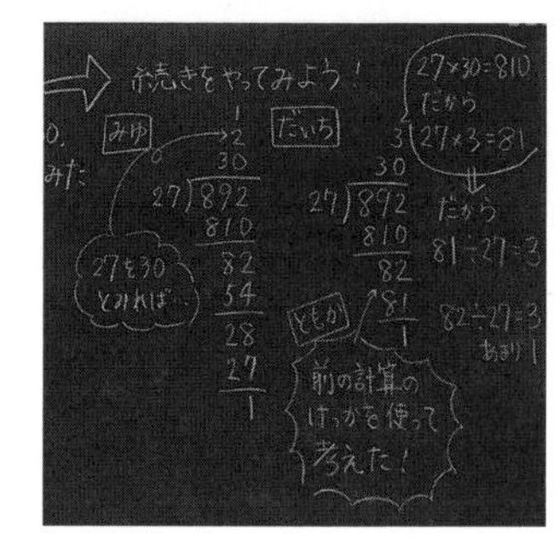

そこで，82÷27のわり算について検討した。右図は，板書後半部分である。まず，「みゆ」の考えを出した。「みゆ」は，被除数の82を80とみて，除数の27を30とみて仮商「２」を立てた。ほぼ全ての児童が「みゆ」と同じ仮商を立てていた。「82÷27＝2 あまり28」になったので，一の位に１を積み上げた。

最後に「だいち」の考え方を扱った。既習の計算ではあるが，ここで新たな見方・考え方が表れた。それは，先ほど計算した結果を生かして商を立てた，ということである。

だいちさんは，どんな見方をして一の位に「3」を立てたのかな。

十の位の商を立てるときに27×30＝810をした計算をもとにして……

そうか。27×3＝81になるね。計算しなくてもわかる！

一気に一の位に3を立てることができる。前の計算を使って，簡単に商を立てることができた。

「だいち」の筆算が出るまでは，ほとんどの児童が「みゆ」の数の見方がいいと納得していたが，「だいち」の考え方が出て，それが解釈できたときには「すごい!」と感嘆の声が上がった。これも，前の計算が活用できるような意図的な数値設定にしたからこそ「だいち」の考え方を引き出すことができた。実態によっては，「891÷27」にした方が理解しやすいかもしれない。

5. みんな違ってみんないい。……だけどやっぱり

学習感想を見ると，「僕は『まき』と同じだったけど，僕は積み上げてちょっとずつやる方が消しゴムで消さなくていいから，これからも積み上げていきたい」「筆算が続くときは，『だいち』のように筆算の途中の計算を使えるときがあることがわかった」「これからは，割る数だけでなくて，割られる数もまるめたい」「私は『じゅん』と同じ考え方だったけど，『きら』のように一発で商を立てられるようになりたい」などの記述があった。

はじめからアルゴリズムに従った「立てる→かける→引く→下す」といった筆算形式を教えるよりも，自分の数の見方が表れる「積み上げ式」「取り消し式」を用いる方が，徐々に数感覚が洗練されていく過程を見ることができる。このように，多様な筆算形式を検討し，最終的には最も洗練された形式がよいことを実感する実践をすることが，１人ひとりの数の見方・考え方を引き出し，育てることにつながる。

【本時の最終板書】

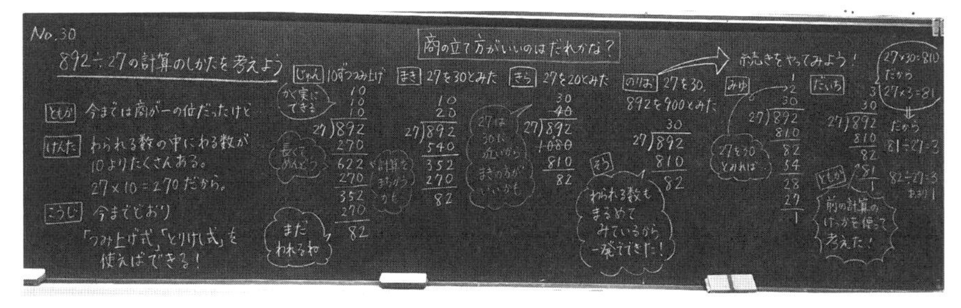

10 およその数

静岡県富士市立吉原北中学校　大畑智裕

本時のねらい

問題場面の必要性に応じて，どの程度の概数にして計算すればよいのか自分で判断して，処理することができる。

本時の問題

スポーツショップに買い物に来ました。いろいろな商品がある中で，4648円のシューズ，3267円のボール，2135円のＴシャツ，1465円のタオル，640円の靴下を買いたいと思いました。10000円で買えるでしょうか。

どのような見方・考え方を引き出すか

・目的に合わせて，どの程度の概数にして計算すればよいのか判断する。

どのように見方・考え方を引き出すか

提示した５つの商品を10000円で買うことができるか問いかけると，子どもたちは「できない」と判断することができる。その理由を説明してもらうと，初めは「４と３と２と１を足すと10000になるから」というような拙い説明をする。そこで，「４と３と２と１で10000ってどういうこと?」などと，教師がとぼけながら切り返していくことで，子どもたちから詳しい説明を引き出していき，「4648＋3267＋2135＋1465」を，「4000＋3000＋2000＋1000」と小さく見積もって判断していたことに気付くことができるようにする。

５つの商品を全て買うことは諦めて，その中からいくつかの商品を選んで，それらを10000円で買えるかどうかを判断することにする。決められた金額で買えるかどうかを判断するために，「どの位までの概数にするのか」「切り上げるのか，切り捨てるのか，四捨五入をするのか」という判断や，それが適切であるかどうかの振り返りをできるだけ子どもたちに任せるようにして，子どもたちの素直な考え方を引き出していきたい。

本時の流れ

1.「10000円で買えるかな？」

「最近どこかに買い物に行った?」「どんな物を買った?」「いくらぐらいした?」というような，買い物についての子どもたちとのやりとりで授業をスタートする。そして，「この前，スポーツショップに買い物に行ったときの話なんだけど……」と切り出して本時の課題へと入っていく。

「今から見せる５つの商品を買いたいと思いました」と伝え，画用紙に貼った商品の写真と値段を，紙芝居形式で子どもたちに見せていく。商品と値段が書いてある紙を黒板に貼って提示すると，金額を計算するときに，子どもたちは，黒板に貼ってある金額を見ながら普通に計算（筆算）をすることが予想される。そこで，今回は，紙芝居形式の提示にした。

子どもたちに見せたのは，4648円のシューズ，3267円のボール，2135円のＴシャツ，1465円のタオル，640円の靴下。それらを一通り見せてから，「今みんなに見てもらった，５つの商品を買いたいと思ったんだけど，10000円で全部買えるかな?」と問いかける。急な問いかけに不意を突かれた子どもたちは，「えっ?」と声を上げる。「もう１回見せて」という声も聞こえてくる。「それじゃあ，全員立ってください。もう１回見せるので，10000円で買えるかどうかわかったら座ってください」という指示を出して，さっきよりも少しゆっくりと，１枚ずつ見せていく。全員を立たせるのには，ノートに計算（筆算）をしないようにさせる意図がある。

「わかった!」と言って何人かが座る。でも，立っている子の方が多いのでもう一度見せると，座る子が増える。座った子には，答え（10000円で買えるかどうか）とそう考えた理由をノートに記述してもらい，まだ立っている子たちに，もう一度見せる。数人がまだ立っているが，その子たちにも座ってもらい，10000円で買えるかどうか意見を聞いていく。

1人を指名して説明してもらうと，「シューズとボールとTシャツとタオルで10000円を超えてしまうから，全部は買えない」という説明。「その4つで10000円を超えるの?」と全体に問いかけると，多くの子がうなずいている。「どうしてわかるの?」と，別の子を指名する。「4と3と2と1を足すと，10000になって，まだ靴下があるから」と言うので「4と3と2と1で，10000ってどういうこと?」と問い返し，また別の子を指名していく。

4と3と2と1で，10000ってどういうこと?

それは千の位の数だから足すと，10000になります。

4000＋3000＋2000＋1000=10000ということです。

4648＋3267＋2135＋1465を，4000＋3000＋2000＋1000と考えて計算すると10000になって，まだ靴下もあるから10000円では買えないということだね。

靴下が無くても10000円で買えません。

どういうこと?

4000＋3000＋2000＋1000=10000というのは，百の位と十の位と一の位をなくして計算しているけど，本当は百の位と十の位と一の位に数があるから，全部足したら10000より大きくなります。

本当の金額より小さい数にして計算して10000になったから，10000円では全部買えないということだね。

2.「どんな数にすればいいのかな?」

5つ全部を買うことは諦めて，その中からいくつか選んで，それらを10000円で買えるのか考えることにする。ただし，買い物をするときに紙に書いて計算している人はあまりいないという理由で，「頭の中で計算できるような計算しやすい数」にしてから考えることにする。

まずはこちらから「例えばシューズ（4648円）とボール（3267円）とTシャツ（2135円）の3つを選んだとして，どうやって計算しやすい数にすればいい?」と問いかける。予想通り「四捨五入」という声が聞こえてきたので，四捨五入をしてみることにすると，今度は「何の位を四捨五入すればいいですか?」と質問する声が聞こえる。少し考えるふりをして「何の位にする?」と訊くと，「百の位じゃない?」という声。「どうして百の位?」と問い返すと「百の位を四捨五入すれば，ちょうど何千という数になって計算しやすいから」と言い，どの子もその意見に納得する。

百の位を四捨五入して計算してみると「5000＋3000＋2000=10000」となるので，「シューズとボールとTシャツなら10000円で買えるということでいいかな?」と子どもたちに問いかける。うなずいている子もいれば，首を傾げている子もいる。本当に買えるかどうか気になってノートに計算をしている子もいて，やがてその子が「買えない!」と声を上げる。どういうことか話を聞くと，「普通に四捨五入しないで計算すると，合計で10050円になるから10000円では買えない」と言う。本当かどうか全体で確かめると，「本当だ……」という声と，驚きと落胆が混ざったような表情が教室に広がる。

「百の位じゃなくて十の位を四捨五入すれば?」と言う子がいるので十の位を四捨五入してみると「4600＋3300＋2100=10000」となり，「四捨五入をしても10000円で買えるかどうか調べられないようだ」「でもなんでだろう」という雰囲気になる。そこで，「なんで四捨五入ではだめなんだろうね」とこちから問いかけて課題を全体で共有し，少し考える時間を取る。やがて子どもたちが，「四捨五入すると，本当の数より小さい数にして計算することがあ

10

るから」ということに気付き，「じゃあどうすればよいのか」ということが新しい課題となる。

なんで四捨五入ではだめなんだろうね？

本当の数より小さくなることがあるから。

それじゃあどうすればいいの？

本当の数より大きくすればいいんじゃない？

4648は4650，3267は3270，2135は2140，1465は1500，640はそのままにすればいいと思います。

いいと思うけど，それだと計算が大変！

4700と3300と2200と1500と700にすれば？

5000，4000，3000，2000，1000にするというのはどう？

それだと大きくしすぎだと思います。

3267は3500，2135は2500，1465は1500にすればいいんじゃないかな？

どうしてそう考えたの？

500にすれば計算しやすいと思ったからです。

実際の数値より大きいおよその数にすればよいこと，でも大きくしすぎてはいけないこと，できるだけ実際の数に近くて計算しやすい数にすればよいことを全体で確認し，改めてどれを選べば10000円で買うことができるか考えていくことにする。

「ボールを3500円，Tシャツを2500円，タオルを1500円，靴下を1000円と考えると合計が8500円だから，シューズを買わなければあとの４つは10000円で買えます」「シューズを4700円，ボールを3300円にして計算すると8000円になるから，あとタオル（1465円）も買える!」「靴下も入れたらさすがに10000円を超えちゃうかな?」「その４つだと……。シューズとボールで8000円を超えないけど，タオルと靴下で2000円を少し超えるから，買えるかもしれないし，買えないかもしれない」などと言いながら，どれを選べば10000円で買えるのか工夫して考えていく。

どのような概数にして計算するとよいのか，その判断を子どもたちに任せることで，子どもたちの素直な数の見方や考え方を引き出すことができる。

11 計算のやくそくを調べよう

岩手県滝沢市立篠木小学校　前田華奈子

本時のねらい

四則に関して成り立つ性質（交換法則，結合法則，分配法則）のうち，分配法則について成り立つ性質を見いだし，それを一般的に成り立つ計算として式にまとめ活用できるようにする。

本時の問題

２枚つなげて長い四角形を作ろう。

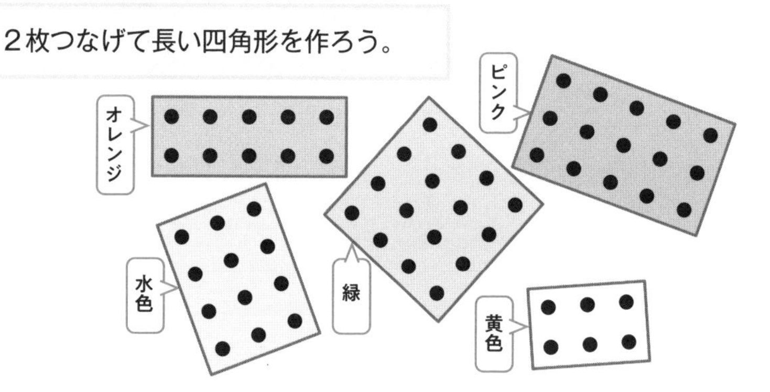

どのような見方・考え方を引き出すか

・特に分配法則について，具体的な数量の組をいくつか作って，共通する性質を子どもたちが見いだし，一般的に成り立つ式としてまとめること。

□×(△＋○)＝□×△＋□×○
□×(△－○)＝□×△－□×○
(□＋△)×○＝□×○＋△×○
(□－△)×○＝□×○－△×○

・成り立つ性質を用いて（根拠として）筋道立てて計算の仕方を考えること。

どのように見方・考え方を引き出すか

具体的な場面を通して一般的に成り立つ式として子どもたちが発見するた

めには，１つの事例だけでは足りない。そこでいくつかの数量の組ができ上がるように，「２枚つなげて長い四角形を作るにはどのカードがよいか」を考える。パッと見て選んだカードについて「本当かな?」と四角形にするためにドットの数を数えたくなる。自ずと計算を必要とするカードの構成にしている。子どもたちに選んだカードを尋ね，「なぜそのカードを選んだのか」について問う。根拠として出された数式から共通する性質を見いだし，一般的に成り立つ式としてまとめていく。また，一般化したことを根拠として，例えば，

$$102\times21=(100+2)\times21$$
$$=100\times21+2\times21=2100+42=2142$$

といった問題において，複雑な数の問題も簡便化して計算できることに気付くと分配法則の価値をより高めることにつながる。学習内容が進んだり学年が上がったりするにつれて，面積など他領域へと活用したり，整数から小数，分数へ発展的に考えたりする頻度が多い分配法則との出会いは，大事にしていきたい。

本時の流れ

本時は，「計算のきまり」（四則について成り立つ性質）の「分配法則」について学習する時間である。

1.「２枚つなげて長い四角形を作ろう」

授業のはじめ，おもむろに黒板に，５枚のドットカードを貼る。５枚のカードは，さまざまな傾きにして貼る。パッと見ただけでは数値を判断しにくくすることで，考える幅を広げることができるからである。それぞれのカードは，色を変えた。

子どもたちは，「何だろう」と関心を高めてドットカードを見つめていた。
「２枚つなげて長い四角形を作ろう」と投げかけた。
「わかった!」と，とっさに声を出した子が，次のカードを取り上げた。

「細長いから，オレンジ色と黄色のカード」
「やってみて」と，黒板にあるカードを動かすように促すと，縦に長く組み合わせて貼った。

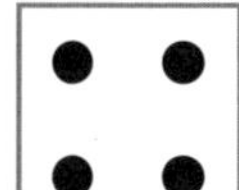

そこで，「本当に長いって言える?」と話すと，
「だって，ここが５個あって，ここが３個あって，５＋３＝８だから」とドットを数に置き換え，根拠を式にして話すことができた。
「なるほど」と感心した後，「式にして理由を説明できたのもいいね」と式表現を価値付けた。（こうしたことで，この後の発表は，ドットを数に置き換え，式で表現して根拠を話す様子がたくさんあった）
「でもさ，オレンジ色のカードと水色のカードも……」と言いかけた子が出てきたので，
「どういうこと?」と尋ねてみた。
「ここが５個。ここが４個だから５＋４で９になる」（ここで，オレンジ色のカードを動かすことになるので，最初に出てきたオレンジ色と黄色の組み合わせのカードのところは，チョークで書いて残しておく）
「でもさ，問題には『四角形』って書いてあるから，形が違うんじゃない?」と子どもたちの対話が続いた。ここで，『四角形にする』という確認ができた。
「だったら，ピンクと水色の組み合わせは?」という声が挙がった。
傾いて提示したので気付かなかったことが，少しずつ見えてきたようだ。
「こっち向きにすると，（向きを変えて）ここ（ピンクのカード）が５でしょ。ここ（水色のカード）が４でしょ。５＋４で９になる」
「お～」と歓声が上がった。「長くないかもしれないけど……」と他の組み合わせを見つけた子がいた。「緑のカードと水色のカードは?」「誰か式で言える?」と話すと，「４＋３＝７」と答えることができた。
「でも，７だったらピンクと黄色も７になるよ」

「本当だ!」と黒板には４種類目の組み合わせができ上がった。
「一番長いのは，ピンクと水色だ」
「でも，大きさでは，緑と水色かも……」

2.「2枚つなげて大きい四角形は?」

黒板には，４種類のドットカードの組み合わせが並んだ。

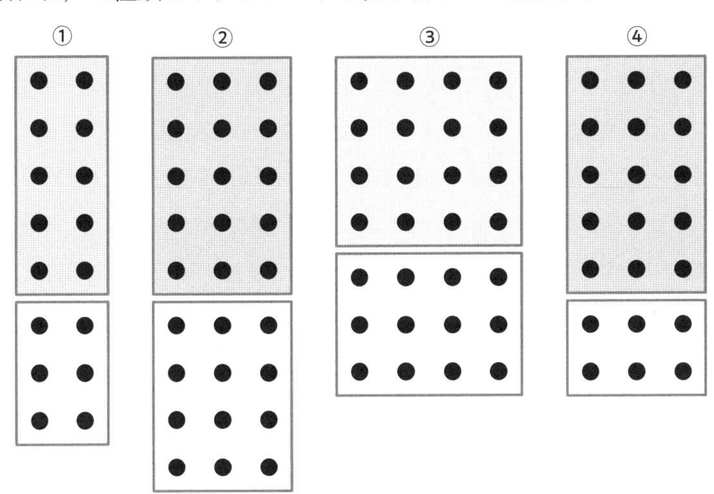

子どもたちは，大きさに関心を寄せた。そこで，「2枚つなげて大きい四角形を作ろうか」と話を展開させた。ここで，出てきたカードの組み合わせに左から①，②，③，④と番号をつけた。
「①は違うな」という声が聞こえた。「どうして?」と理由を尋ねた。
「だって，●の数が少ない」「どうして少ないと思ったのだろうね」とB君が考えた理由を他の子どもたちに問うた。
「8×2で16だから」「どういうこと?」と再度尋ねてみる。
この考えが，分配法則につながっていくからである。
「だから，ここが8で……」と，すぐに「8」と言ったので，
「どうして8?」と，出てきている数字で表現するように促した。

「5＋3で8。横が2列で，8×2＝16」
「じゃあ，このことを式で書いてくれる?」と話すと，
5+3=8　　8×2=16
と書いてくれた。
「実はね，2つの式を1つにする方法があるんだよ」と話し，
5+3×2=16
と書いた（わざと括弧を外している）。
「そうそう。前のときにやった」と，この時間より前にかけ算とたし算が混合している場合の計算の仕方を学習していることと関係付けていた。
「でも，最初に5＋3をするのだから，括弧を付けないといけないんじゃない?」と子どもたちが話した。「このままではだめなの?」と改めて尋ねると，
「これだと3×2を先にやることになるから，5×6＝30になって違うと思う」
「なるほどね」と，赤色のチョークで括弧を書き足した。
(5+3)×2=16
「1つの式に表すこともできたね。すっきりするね」

「ちなみに，他の式で①が16って言える?」

5 × 2 = 10　　3 × 2 = 6　　10 + 6 = 16

ここで，分配法則を展開した形につながるように別の表現を確認しておく。
尋ねた直後は「ん?」という空気が流れたので，「例えば……」と2枚のカードの間にすき間を開けた。「あ～」という声が上がり上記の発表があった。
「これも1つの式にできるかな」「ん……」と悩んでいる。すると，
「(5×2)＋(3×2) って書いて，16になる」と答えてくれた。
「そうだね。それでいいね」と確認した。
子どもたちは，①ができると②に目を向けはじめた。③まで2種類の式で

表現していく。④に進む前に一度立ち止まった。
「では，ここまで一度振り返ります。①の式を見ましょう」
「(5＋3)×2と（5×2)＋(3×2）は答えが等しくなりました。ですので，このようにして計算をすることもできます」と，ゆっくり書いていく。
(5＋3)×2＝5×2＋3×2
「この『2』ってなんのことかわかる?」と，右辺の5×2の2と3×2の2について尋ねた。「これが2列あるってことでしょ」と図で確認することができた。「そう。だからこういうことだね」と矢印で示した。「なるほど!」「このように，2枚の四角形の組み合わせを表現することができます」「先生，結果は②だったね」「だったら④も（5＋2)×3＝5×3＋2×3」
面積の学習につながる見方，複合図形の面積の考え方の素地もできた様子だった。

11

3. 分配法則についてまとめる

「もし④のここの数字が……」と，「5」という数字を「○」という記号に置き換えた。「○で，2が△で，3が□だったら，どう表現できますか」「だったら……」と悩みながらゆっくり（○＋△)×□＝○×□＋△×□と図で確認し，矢印も書き込んだ。
「よし！ これで，いつでも使える約束事がまとめられたね」

4. さらに……

新幹線の座席表を見せる。
「全部で何席かな?」
「2×17＋3×17＝(2＋3)×17＝85　85席だ!」
複数の事例や日常生活の問題から数字だけではなく図でも確認して分配法則のしくみを捉えることができた。この後は，「(○－△)×□だったら?」と統合的に考えて分配法則についてまとめていく。

12 四角形の特徴

広島県三次市立十日市小学校　瀬尾駿介

本時のねらい

平行四辺形の性質をもとに，平行四辺形の作図の方法を考えることができる。

本時の問題

右図①のような平行四辺形の描き方を考え，右図②に続けて描きましょう。

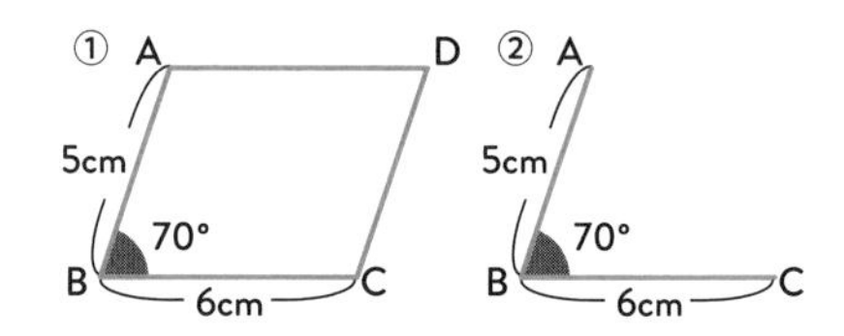

どのような見方・考え方を引き出すか

・図形の辺の長さや角の大きさ，辺の平行の関係に着目し，図形の性質をもとに平行四辺形かどうかを判断したり，作図の方法を考えたりする。

どのように見方・考え方を引き出すか

本時は平行四辺形の作図の方法を考える場面である。上記のような見方・考え方を引き出すために，子どもたちが作図する前に，まずは教師の描いた平行四辺形を鑑賞する時間を取る。

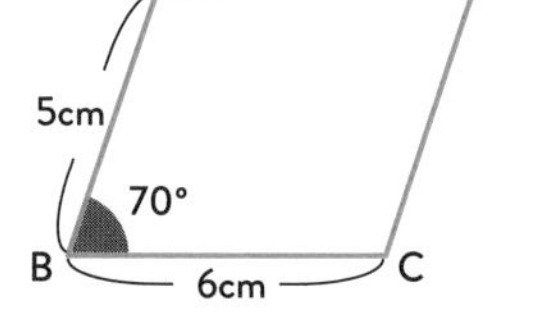

図　教師の描いた平行四辺形

教師の描いた平行四辺形（右図）を子どもたちに見せると，子どもたちは，それが平行四辺形になっていないことに気付き，その理由を話し始めるだろう。「平行四辺形ではない」ことを説明するためには，図形の辺の長さや角の大きさ，辺の平行の関係などに着目し，平行四辺形の性質を活用して説明を行う必要がある。また，その性質に合うように「どう修正したら平行四辺形になるか」を話すことは，そのまま平行四辺形の作図の方法を考えることにつながる。平行四辺形の性質をもとに，作図の方法を演繹的に考えていく子どもたちの姿を引き出したい。

本時の流れ

1.「先生の描いた四角形は平行四辺形になっていない？」

まずは「平行四辺形の描き方を考える」という問題（左頁参照）を子どもたちに伝えた。子どもたちの中には，もう平行四辺形を描けそうだという子もいれば，描き方がわからないという子もいた。そこで，

「先生がお手本を描いてきたよ」

と言って左頁の図のような四角形を提示した。子どもたちはすぐに反応する。

「なんか変!」「先生，それ平行四辺形になってないよ!」

数人の子どものつぶやきが広がり，クラスの大半の子は教師の描いた四角形が「平行四辺形になっていないのではないか」と疑い始めた。子どもたちの言う通り，この四角形は平行四辺形ではない。教師が意図的に平行四辺形に似せて作図した四角形である。

そこで，「この四角形のどこが変だと思っているのか」について，意見を交流した。

この四角形，平行四辺形になっていないかなあ。この四角形のどこが変なの？

辺CDの長さが長すぎると思います。

そもそも平行になっていないと思う。

Dの角の大きさが多分70°になっていないと思います。

子どもたちは，図形の辺の長さや角の大きさ，辺の平行の関係に着目することで，教師の考えた四角形のどこが変だと感じているのかを説明した。

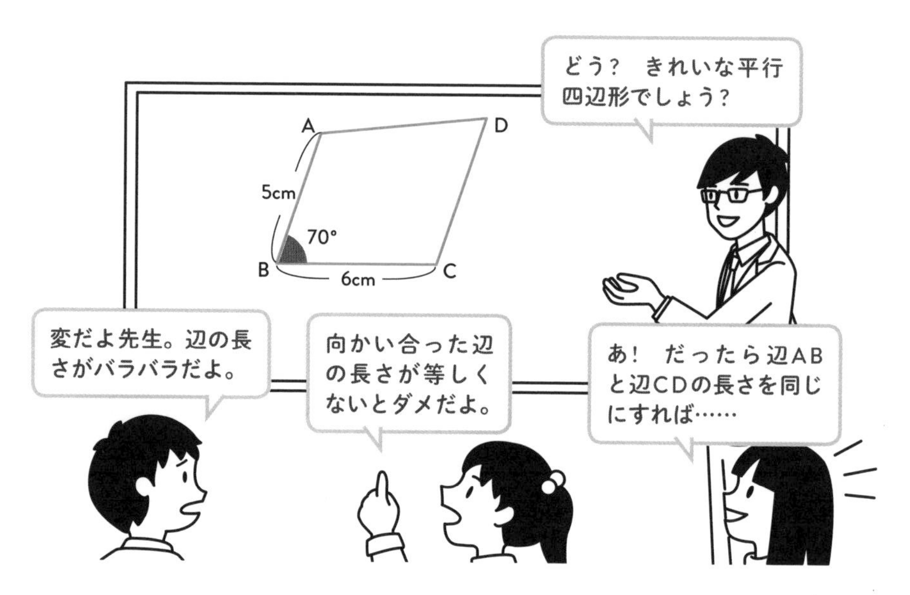

こうして，子どもたちが直観で感じ取っている「平行四辺形ではない」理由を，図形の構成要素に着目させることで根拠をもって説明できるようにしていく。

また，さらにこのとき，「平行四辺形だったら，辺（角）がどうなっていないといけないの?」と子どもたちに問うことで，自分たちが前時に習得した平行四辺形の性質をもとに平行四辺形かどうか判断していることに気付かせた。

前時までに学級の子どもたちが発見していた平行四辺形の性質
①向かい合った2組の辺が平行な四角形
②向かい合った2組の辺の長さが等しい
③向かい合った2組の角の大きさが等しく，隣り合った角の大きさの和が180°

なお，①は平行四辺形の定義であるが，問題解決のために活用されるものという点では，定義も性質も同じ役割を果たすと考える。よって，本稿においては，図形の定義も図形の性質と同様に扱うものとする。

こうして子どもたちが図形のどこに着目したらいいか見通しがもてた段階で，教師の描いた四角形を子どもたちに配付し，それが平行四辺形になっているかどうか調べる時間を取った。子どもたちは分度器や三角定規を手に，教師の描いた四角形を調べ，それが平行四辺形ではない理由をノートに書いていった。

平行四辺形かどうか確かめる手順は，ほぼそのまま作図の手順になる。例えば，右図のように三角定規を用いて向かい合った２組の辺が平行かどうかを確認していく手順は，作図の手順と同じである。実際に教師が描いた四角形を修正し，平行四辺形を上から重ねて作図している子も見られた。

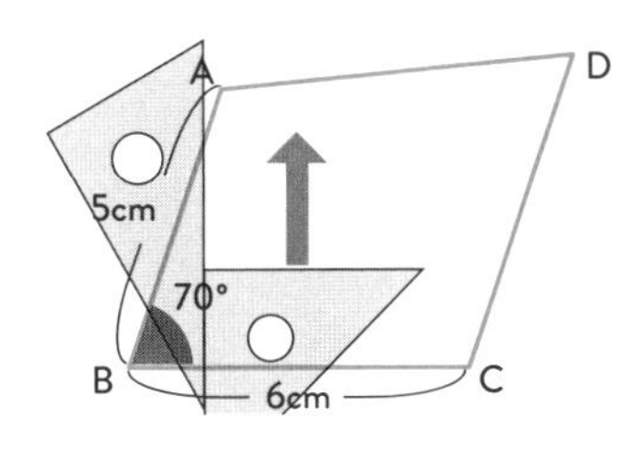

その後，教師の描いた四角形が「平行四辺形になっていない」理由を学級全体で交流した。

「角Ｂと角Ｄの大きさが違うので，平行四辺形ではないと思います」

などと意見が出るたびに，

「○○君はどの平行四辺形の性質を使って調べたのかな？」

と学級全体に問い返し，子どもの意見と平行四辺形の性質とを関連付けていった。

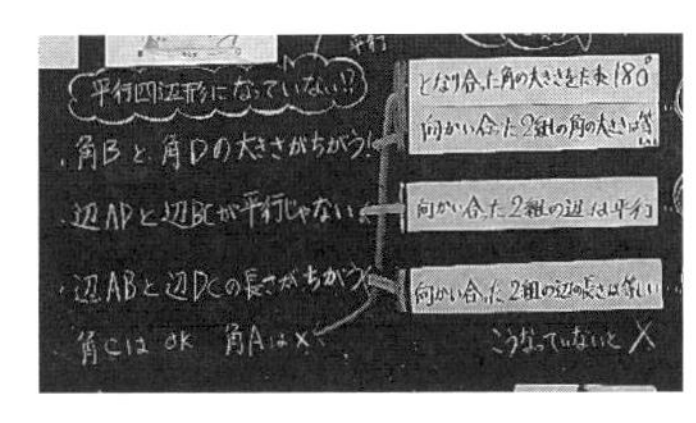

また，向かい合った辺の長さが等しいかどうか確認する際には，コンパスの使い方も確認した。コンパスは線分の長さを移すことができる道具であるが，その使い方を忘れている子も少なくない。そこで，向かい合った辺が同じ長さかどうかを確かめるために，コンパスを使って長さを移す（右図矢印部分参照）経験をすることで，作図におけるコンパスの役割を理解できるようにした。

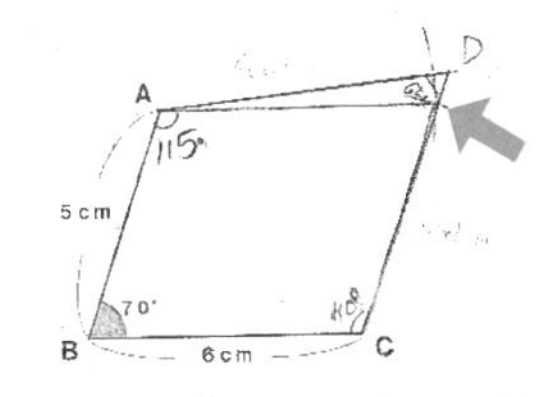

図　子どものワークシート

このように，平行四辺形ではないことを説明する過程で，子どもたちは平行四辺の性質を振り返るとともに，作図の方法の見通しをもつことができた。

2.「平行四辺形の描き方は何種類考えられそう？」

続いて今度は子どもたちが平行四辺形の作図を行っていく。これまでの活動を通して，8割以上の子がどうやったら平行四辺形を作図できそうかという見通しをもつことができていた。そこで，「どんな道具を使って作図しようと思っているか」を尋ねたところ，子どもたちは「コンパス」「分度器」「三角定規」とそれぞれ別の道具を口にした。

「描き方は1種類ではないんだね。何種類くらいの描き方があるのだろう」と尋ねると，子どもの中から「3種類」という声が上がった。その理由を尋ねると，性質の数だけ描き方がありそうだ，という。

そこで，「平行四辺形の描き方，3種類もあるの?」と課題を再設定し，作図の方法を考えていくことにした。平行四辺形の性質に①～③の番号を付け，（右頁板書参照）3種類の作図の方法を探っていく。これによって，ただ平行四辺形を描くことができればよい，というのではなく，平行四辺形の3つの性質と関連付けて作図の方法を考えることができるようにした。

その後，子どもたちは個人，あるいはペアで作図の方法を探していった。子どもたちは意欲的に取り組んだが，分度器やコンパス，三角定規を使って正確に作図を行うことは子どもたちにとって，とても難しい。この作図の技能が大きな課題であり，子どもたちも「どの図形の性質を使おうか」考えていたはずなのに，気が付くと，「道具をどう使うか」ばかりに目がいきがちだった。そこで，作図後には，子どもたちが作図した平行四辺形に①～③の番号を書き，黒板に種類ごとに貼りに来るようにした。

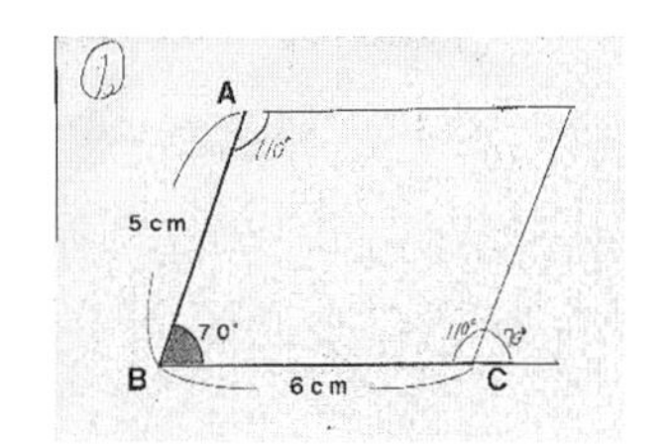

これによって，子どもたちは作図後に立ち止まって「自分が考えた作図の方法は，どの性質を使ったものなのか」を振り返ることができた。学級全体で見つけた作図の方法を交流する際も，「どうしてそう作図しようと思ったのか」を問うことで，「平行四辺形のどの性質を使っているのか」を意識させ，関連付けた。

〇〇さんは，どうしてそういう描き方をしようと思ったの？

辺ADが辺BCと平行になるように……平行四辺形は向かい合う２組の辺が平行だから，こうすれば描けると思いました。

作図は，図形の性質の活用問題である。ただ作図の手順を覚えるのではなく，図形のさまざまな構成要素に着目し，図形の性質を活用して演繹的に考えることで作図の方法を考えていくことを大切にしたい。今回の授業で図形の性質を活用して問題解決をしたことで，その後の授業でも，図形の性質を活用しようとする子どもたちの姿が多く見られた。

また，本時は連続２時間で授業を行った。作図の技能面に課題がある子も多いからこそ，自分で考えながら繰り返し作図したり，その方法を振り返ったりする時間をしっかり確保し，図形の性質と作図の方法とを関連付けられるようにしたい。

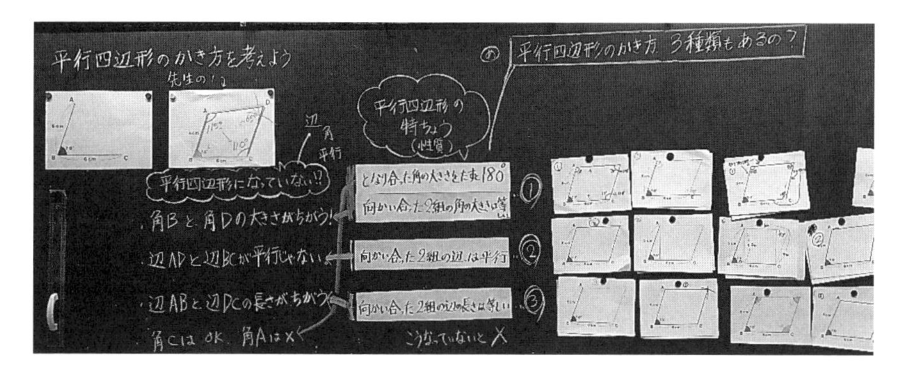

13 分数

新潟大学教育学部附属新潟小学校　志田倫明

本時のねらい

単位分数の考えをもとに，１より大きい分数の表し方を理解する。

本時の問題

（2mの長さのテープを提示して）$\frac{\square}{3}$mに色を塗ろう

どのような見方・考え方を引き出すか

①全体量に着目し，割合分数と量分数の違いを考えること

②分数を構成する単位に着目し，１より大きい分数の表し方を考えること

どのように見方・考え方を引き出すか

①については，まず「$\frac{1}{3}$m」を話題にし，全体の$\frac{1}{3}$の長さ，つまり割合で捉えている子どもの考えを取り上げる。その理由を全体に問い返すと，子どもは「３等分した１つ分」と説明する。その後，同じ考え方で$\frac{2}{3}$m，$\frac{3}{3}$mについて話題にすると，子どもは$\frac{3}{3}$mで矛盾が生じることに気付く。「$\frac{3}{3}$mは１m。全体は２mなのに，１mになるなんて合わなくておかしい」と。そこで，$\frac{1}{3}$，$\frac{2}{3}$，$\frac{3}{3}$mはどこになるのか修正させる。$\frac{1}{3}$mは「３等分した１つ分」，$\frac{2}{3}$mは「３等分した２つ分」。ここで導入時の説明との相違点を問い返すことで，３等分することは同じだがもとにしている全体量が２mと１mで異なることに着目し，量と割合の意味の違いを考える。

②については，２mの$\frac{2}{3}$の長さは１mをもとにすると何mと表現すべきかを考えさせる。１mを超えた端の長さを明らかにする活動の中で，$\frac{1}{3}$mという単位分数に着目し，「$\frac{3}{3}$mと$\frac{1}{3}$mで$\frac{4}{3}$mとなる」「$\frac{1}{3}$の４つ分の長さだから$\frac{4}{3}$mとなる」など１より大きい分数の表し方を考える。

本時の流れ

3年生までに子どもは分割分数と量分数について学習し，それぞれの学習場面でその意味を説明できるようになっている。しかし，その2つの意味を混同しており，その違いについて考えたり説明したりした経験はなかった。

1.「どうしてここが$\frac{1}{3}$mだと思ったのかな？」

本時は，まず2mの長さのテープを黒板に提示するところから始める。その後，「$\frac{\square}{3}$mに色を塗ろう」と問いかけ，問題として板書した。紙テープを2mにしたのは，子どもに既有であり無自覚な割合と量の2つの分数の捉え方を引き出すためである。また，問題を□にしたのは，当てはめる数に自由度をもたせることで，他の場面について範囲を広げて考えやすくするためである。子どもは，「□の中の数字がわからないと解けません」と□の中の数字に関心をもつ。

そこで，□に1を代入し，「まずは□が1のとき（$\frac{1}{3}$mのとき）を考えてみよう」と投げかける。そして，テープの端からゆっくり指を動かしながら，「$\frac{1}{3}$mだと思うところで手を挙げてね」と投げかける。

2m

A：5人　B：27人

意見が分かれたことで，子どもは「え，どうして?」と疑問をもち始めた。そこで，Bで手を挙げた子どもの考えを取り上げ，その理由を問うた。

T：どうして，ここ（Bの箇所）が$\frac{1}{3}$mだと思ったのでしょう。
C：だって，$\frac{1}{3}$mだから，3つに分けているから。
C：3つはそうなんですけど，3つに等しく分けているからです。
C：等しくないと分数にできないよ。
C：3等分した1つ分だから，みんなここだと考えたと思います。

子どもは，$\frac{1}{3}$ mを「３等分した１つ分」のように割合として説明をした。しかも，全体の長さについては誰も触れておらず，説明は曖昧なままであった。「$\frac{1}{3}$ m」は長さ（量）を意味する表現である。だから，これらの子どもの説明は$\frac{1}{3}$ mの説明としては間違っている。しかし，そのことを指摘する子どもはこの時点では誰もいなかった。

2.「その考え（誤った考え）で他の場面も解決できるかな」

このように曖昧な根拠で理解が不十分な子どもに次のように問うた。

「では，その考えで他の場面を考えてみよう。□が２（$\frac{2}{3}$ m）だったら，このテープのどこになるかな」

大人から見ると誤った方法だが，子どもはそのことに気付いていない。こうした場合，その方法を複数の場面に適用させることで，子ども自身に方法が誤っていることに気付かせるのである。

子どもは，全員がC（テープの$\frac{2}{3}$）の場所を指し示した。そこで，「どうしてここが$\frac{2}{3}$ mだと思うのか」とその理由を問うた。子どもは，$\frac{1}{3}$ mのときの説明を適用させて，自信満々に「３等分した２つ分だから」と説明し，納得した。そして「だったら，この先もわかるよ」と子ども自ら数を代入し始めた。そこで，次のように問うた。

T：ではその考えで□が３（$\frac{3}{3}$ m）だったら，テープのどこになるかな。
C：それは全部だよ。端から端までだから全部。
C：(テープを指し示しながら）$\frac{1}{3}$ m，$\frac{2}{3}$ mだから，$\frac{3}{3}$ mはここ（一番右端）です。
C：$\frac{3}{3}$は３等分した３つ分だから，つまり１ということ。
C：３等分した３つ分だから，みんなここだと考えたと思います。

こうした説明に納得しかけたころに，子どもがざわざわし始めた。「これおかしい。合わなくなっちゃう」とつぶやき始めたのだ。

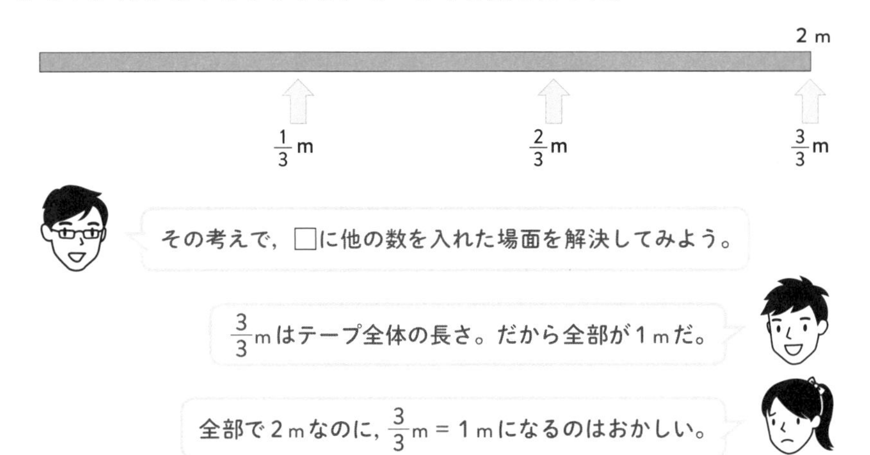

子どもは，全体の長さが２mと１mで問題が生じることに気付き，全体量に着目し始めた。

3.「どこを修正すれば，ぴったり合うようになるかな」

２mと１m（$\frac{3}{3}$m）が同じ場所になり，合わなくなることを感じている子どもに「１mは，どこにあればぴったり合うようになるの?」と問うた。一度取り組んで得た結果を，修正する思考を促すためである。子どもは，「１mは２mの半分だから，ここ」と言って，テープの真ん中を指した。

教師は子どもの言う通り，１mの場所を修正して黒板に書いてみせた。その板書を見て，子どもはあることに気付いた。テープ図に示された量が，左から$\frac{1}{3}$m，１m，$\frac{2}{3}$mの順序になっているのがおかしいというのだ。

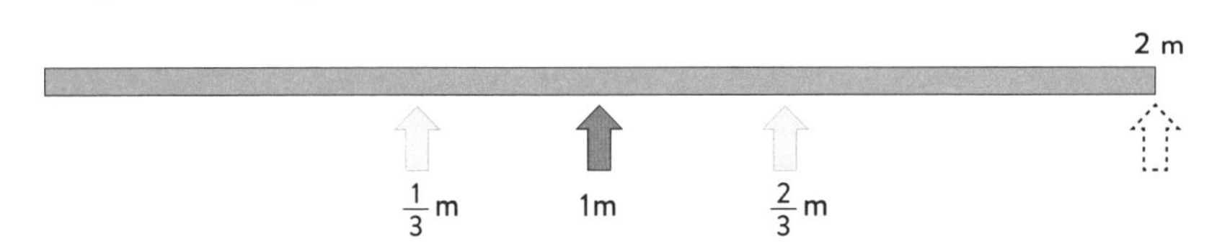

さらに修正する必要性を感じている子どもと「このままではおかしいね。では，$\frac{1}{3}$mや$\frac{2}{3}$mはどこに修正すればぴったり合うようになるのか」と課題を確認した。まず，「$\frac{1}{3}$mと$\frac{2}{3}$mのどちらが修正しやすいか」と問うた。子どもは，「$\frac{1}{3}$mがわかりやすい」と答えた。そこで，$\frac{1}{3}$mの長さから修正することを促した。子どもは，初めのAの場所を指し示した。そこで，「どうしてここが$\frac{1}{3}$mだと思うのか?」と問い返した。子どもは，「3等分した1つ分」と説明したので，次のように問うた。

> T：あれ，3等分した1つ分ってさっき（Bの場所のとき）も同じ理由だったよね。だったらここ（Bの場所）が$\frac{1}{3}$じゃないの?
> C：違うよ先生。さっき（B）は全体を3等分した1つ分。今回（A）は1mを3等分した1つ分。
> C：だから，2mの$\frac{1}{3}$がここ（B）。1mの$\frac{1}{3}$がここ（A）っていうこと。
> C：じゃあ，$\frac{1}{3}$mじゃわからないってことじゃん。2mのとか1mのとか付けないとどこかわからない。

こうして，子どもは全体量に着目するという見方・考え方を働かせて，量の表現の違いを明らかにした。ここで，一般的に「$\frac{1}{3}$m」と全体量が明示されていないときは1mをもとにした量であることを教え，確認した。

$\frac{1}{3}$mが確定すると，子どもは$\frac{2}{3}$mの修正にもすぐに取り組んだ。

「**1をもとにして**，1mを3等分した2つ分だからここが$\frac{2}{3}$m」

「**$\frac{1}{3}$mの2つ分**が$\frac{2}{3}$mだから，同じ長さ分とってここが$\frac{2}{3}$m」

全体量とともに単位分数にも着目し始めて，$\frac{2}{3}$mの量を修正した。

4.「$\frac{2}{3}$mだと思っていたところは，何mといえばいいのかな?」

$\frac{1}{3}$m，$\frac{2}{3}$m，1mと長さを修正できた子どもは，1～2mの間は何mといえばいいのかという疑問をもった。そこで，「C（もともと$\frac{2}{3}$mだと考えていた長さ）は何mといえばよいのかな」と問うた。

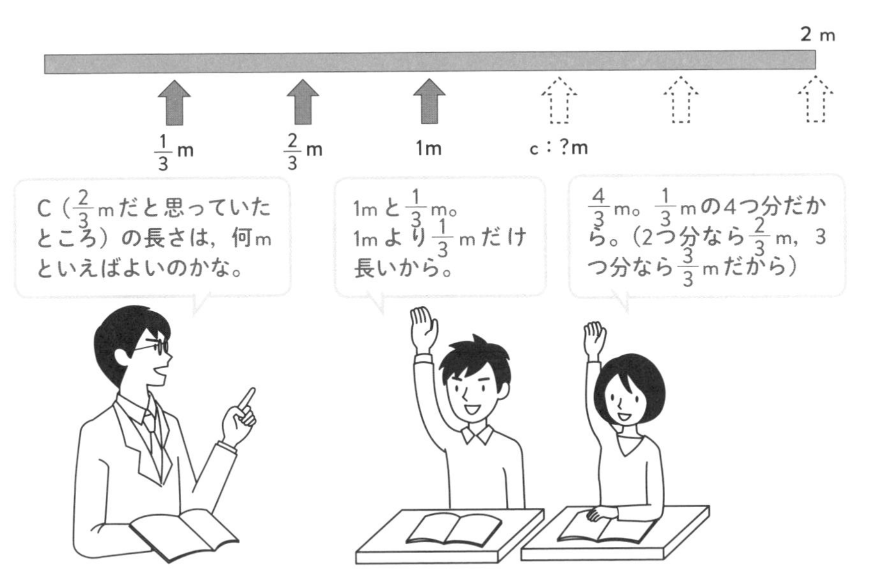

2 m
$\frac{1}{3}$m
$\frac{2}{3}$m
1m
c：?m
C（$\frac{2}{3}$mだと思っていたところ）の長さは，何mといえばよいのかな。
1mと$\frac{1}{3}$m。1mより$\frac{1}{3}$mだけ長いから。
$\frac{4}{3}$m。$\frac{1}{3}$mの4つ分だから。（2つ分なら$\frac{2}{3}$m，3つ分なら$\frac{3}{3}$mだから）

子どもは，$\frac{1}{3}$mという単位に着目するという見方・考え方を働かせて，①1mと$\frac{1}{3}$m，②$\frac{4}{3}$mと2つの表現を用いて解決した。①$1\text{m}+\frac{1}{3}\text{m}$，②$\frac{1}{3}\text{m}\times 4$と式表現を取り上げ，どちらも単位分数に着目しながら問題解決への活用の仕方は異なることを確認した。子どもは，①を$\frac{3}{3}$mと$\frac{1}{3}$mと捉えれば$\frac{1}{3}$が4つ分とも捉えられるし，②を$\frac{1}{3}$の3つ分（1m）と$\frac{1}{3}$mと捉えれば1mと$\frac{1}{3}$mと捉えられると，2つの考えを統合的に捉える姿も見られた。

こうして，全体量に着目させることで，子どもの中にある2つの分数の意味の違いを明らかにすることができた。そして，意図的に2つの意味を対比させる展開を通して，全体量1mをもとにして見いだした単位分数に着目させ，1mを超える分数の表現を考えさせることができた。

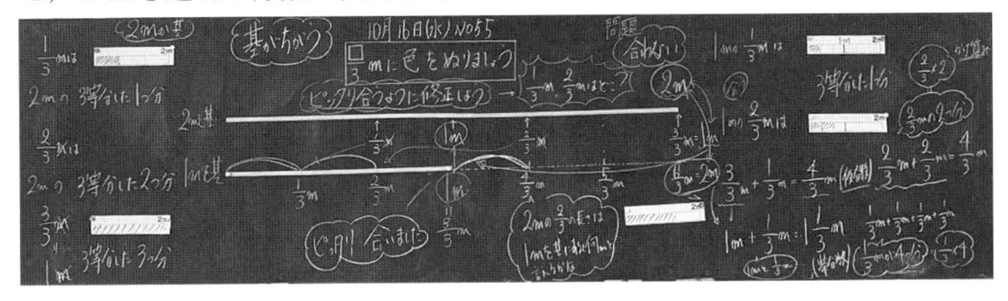

14 変わり方

島根県浜田市立今福小学校　徳永勝俊

本時のねらい

伴って変わる２つの数量を見いだし，それらの関係に着目し，表や式を用いて変化や対応の特徴を考察することができる。

本時の問題

正方形（１辺が１cm）を１段，２段……と並べて階段の形をつくります。□段のときの周りの長さを求めましょう。

どのような見方・考え方を引き出すか

①前時までの問題解決の経験を生かして，本時においても伴って変わる２つの量を見いだし，それらの関係を着目すること。

②問題解決のためは，具体的場面（図）を表や式に表し，変化や対応の特徴を考察すること。

どのように見方・考え方を引き出すか

①　本時までに，和が一定，差が一定の関係について考えてきている。それを受けて本時では商が一定の関係を扱う。２つの量の関係を考える前段階として，教師側から２つの数量を与えるのではなく，伴って変わる２つの数量を見いだすことがとても大切な活動である。本時でも，正方形が階段状に積まれた様子を，前時同様に１段，２段……と徐々に提示することにより，段数が増加するに伴って，何が変化するか考えるようにする。この活動を通して，一方の数量が決まれば他の数量が決まるのではないか，あるいは，一方の数量は他の数量に伴って一定の決まりに従って変化するのではないか，という見方で２つに数量を見ていくことを，前時までの経験

も生かしながら働くようにしていきたい。

② □段に20段といった大きな数が入り解決しようする際に，図を描いて求めるのは面倒であることを想像し共有していく。そして，前時までの経験を生かすと，対応する値の組を順序よく表に整理し，そこから関係を捉えていこう，式に表して求めていこうとする姿を大切にしていく。個々の考えを交流する際には，その関係が，表を横（変化）に見たものか，縦（対応）に見たものかという見方を共有するために，子どもの発言を一度止めてその後の発言を付け加えさせ，言葉と表，表と式をつないでいく。何のため（段数と周りの数の関係を捉えるため）に表を見ているのかを意識するようにし，式はこれらの特徴を簡潔に表すことができることに気付くようにしていく。

本時の流れ

1.「段数が増えるに伴って，何が変化するかな」

前時には，１辺が１cmの正三角形の厚紙を下の図のように一列に並べた際の，正三角形が20個のときの周りの長さを求める学習をした。表から差が一定の関係を見いだすと，正三角形の数がいくら増えても求めることができることを実感した。

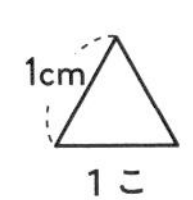

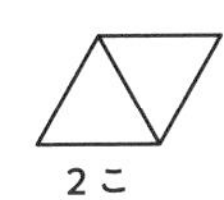

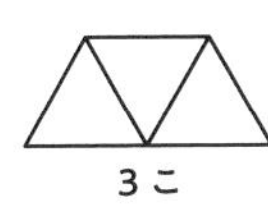

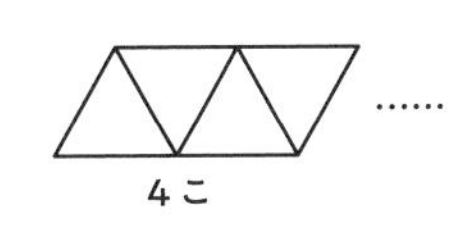

本時では，特に前時を振り返らず，前時のように正方形が階段状に積まれた様子を１段ずつ提示すると，「昨日のと同じだ」と声が上がった。「何が同じなの？」と問い返すと，「どんどん増えたときの何かを求める問題でしょ」「決まりや仕組みを見つける問題だよね」となかなか鋭い。そこで，次のように聞いた。

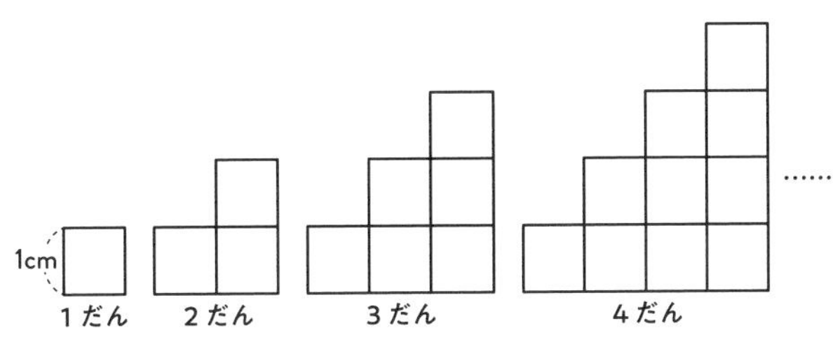

階段の段数がどんどん増えるに伴って，何が変化するかな？

正方形の数

辺の数

頂点の数

昨日のと同じように，周りの長さ。

少し時間をかけると，「図を描く労力」「すり切れた鉛筆の芯」など，伴って変わるものを絞り出そうとする子どもたち。数量には表しにくいが，ここでは認めたい。この活動を通して「伴って変わる」意味を再確認し，次の問題を提示した。

正方形（1辺が1 cm）を1段，2段……と並べて階段の形をつくります。□段のときの周りの長さを求めましょう。

「やっぱりそうだと思った。昨日のと同じ（周りの長さ）だ」「表に書くとき『段の数』と『周りの長さ』でいいよね」というつぶやく声も聞こえてきた。これまた，なかなか鋭い。

2.「20段の図を描きますか」

「ところで先生，□になんという数字が入りますか?」

当然出てくる質問である。「□にどんな数字を入れようかな」と迷うと，「100にしましょう」「どんな数字でもいいですよ」と言う子どもがいる。「大きな数字でもいいの?」と聞くと，「決まりや仕組みを見つければどんな数字でも解けるから」と答えた。

この段階で，すでに解決の見通しをもっている子どもはいるが，見通しのもてない子どももいる。そこで，次のように問い直した。

「20段のときの周りの長さを求めよう。20段の図を描きますか」

すると，「３段でも大変なのに，20段なんて描けません」と図を描くことの面倒さを言う子どもがいた。また「描かなくても，昨日のように表にすればよい」「表にしたら決まりが見つかるかも」「20段まで表にしなくても式ができるかも」と，昨日までの経験から合理的に考えようとする子どもが複数出てきた。そこで，学級全体で次の目当てを確認し，自力解決に移った。

表や式を使って，20段のときの周りの長さの求め方を考えよう。

3.「求め方をわかり合おう」

個々の考えを交流する前に，学級全体で提示した図をもとに表をつくった。その後，20段のときの周りの長さの求め方を伝え合った。自力解決の際に大きく２つの考え方が見られたので，１人だけの発言ではなく，その発言を途中で止め，その後の発言を付け加えるようにしてわかり合った。

段の数が１段ずつ増えると，周りの長さは４cmずつ増えるから，20段だったら，20回増えるから……

ストップ!
Aさんはこの後何と言うでしょう。

式を言うと思う。

4 × 20=80!

どうして?

(言葉と表をつなげながら) 表を横に見るでしょ。
４cm増えるのが20回続くから……

(表と式をつなげながら)
４cmの20回分だから　4 × 20=80!

4cmの20倍でもいいかな。

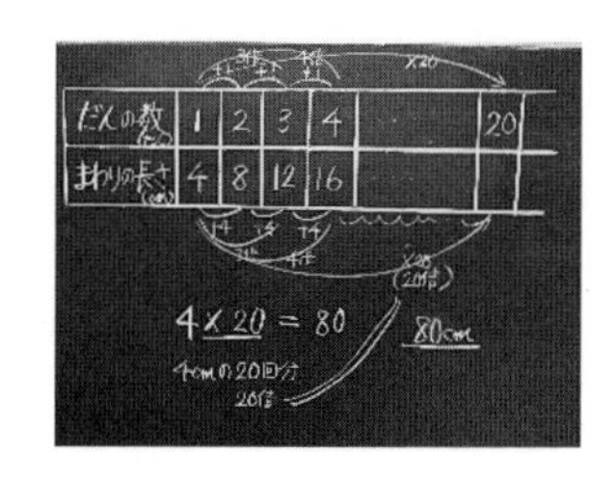

その後「Aさんはそう言おうとしたの?」と尋ねると，満足そうに「はい」と答えた。

「ぼくも式はほぼ一緒だけど，考え方が違います」とEさん。続いて，同じように求め方をわかり合った。

昨日の表もそうだったけど，表を縦に見ると……

ストップ!
Eさんはこの後何と言うでしょう?

仕組み!

（言葉と表をつなげながら）表を縦に見ると，全て×4になっているとEさんは言うと思います。

4倍になっていると言うと思います。

（表と式をつなげながら）20段だと，
20×4=80で80cmと言うと思います。

その後「Eさんはそう言おうとしたの?」と尋ねると，これまた満足そうに「はい」と答えた。

前時から表を横に見たときの決まりを「決まり」，表を縦で見たときの決まりを「仕組み」と名付けて使い分けていた。だから子どもの方から，「仕組みがわかれば，何段になっても答えが出る」という声が聞こえてきたのだろう。

そこで，前時同様，「仕組みを言葉の式にしよう」と問うと，板書のようにまとめることができた。

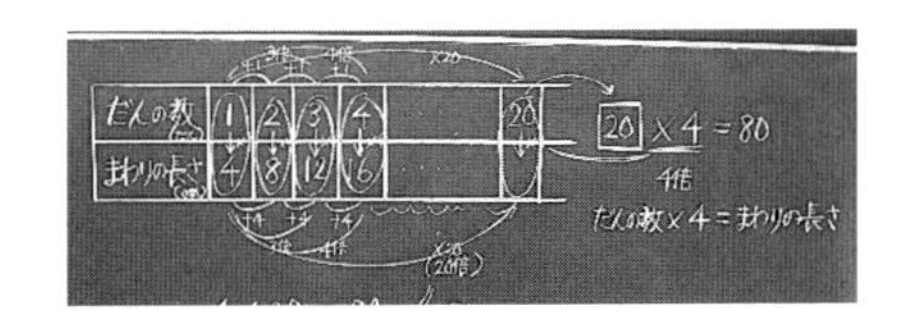

4.「どうして段の数を4倍すると周りの長さになるのだろう」

「先生，前の時間の言葉の式（正三角形の数＋２＝周りの長さ）にも意味があったように，今回の言葉の式にも意味があるのかな」なんとすてきな子どもたちであろう。前時で式の意味と具体的場面を対応させたことが心にしっかりと残っていたのだろう。今回でき上がった言葉の式の意味を考える機会を子どもたちの方から求めてきたのである。そこで，次のように問うた。

「どうして段の数を４倍すると周りの長さになるのだろう」

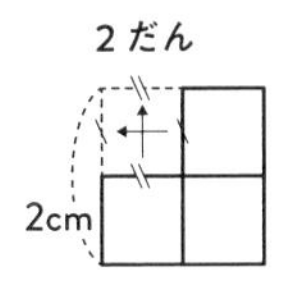

これについては，友だちと相談を認めたがすぐにひらめきが出てこなかった。時間の都合もあり，ヒントの右図を提示すると，「辺を移動すると正方形になる」「段の数が１辺の長さとすると，それが４つあるから４倍になる」と解き明かすことにつながった。なかなかの手応えがあっただけに「お～」と歓声が上がった。

5.「この問題を少し変えた問題をつくってみよう」

最後に「周りの長さが100 cmのときは，何段になりますか」の問題を子どもに与えた。すると，式の意味が心に残った子どもが「１辺が25 cmになるから25段」と答えた。その後，言葉の式に当てはめて÷４をすることで答えを導くことができることも確認できた。そして，次のように伝えた。

「この問題を少し変えた問題を家でつくってみよう」

家庭学習では，次のような問題をつくっていた。

「１辺の長さが３cmの正方形を使って同じように階段の形を……」

「正三角形を１段，２段……と並べてピラミッドをつくりました。……」

15 複合図形の面積

長崎県諫早市立湯江小学校　林田健一

本時のねらい

複合図形の面積を調べることを通して，既習の図形の求積方法をもとにさまざまな図形の求積ができることに気付き，複数の方法で求積することができる。

本時の問題

複雑な図形（学習材１）の面積を求める方法を考えよう。

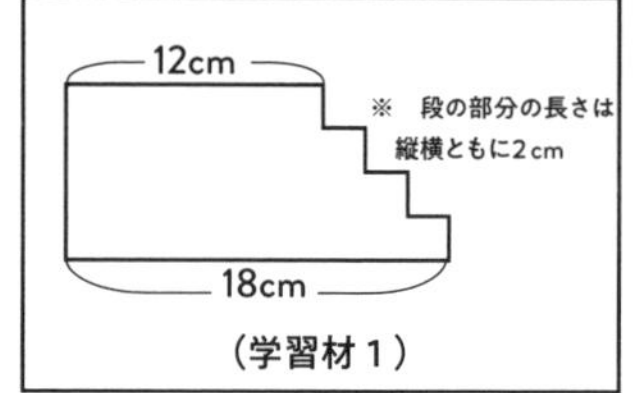

（学習材１）

どのような見方・考え方を引き出すか

複合図形の面積を求めるための方法は複数ある。これまでに学習した内容と関連付けながら，子どもには複数の方法で解決するよう促す。
本授業では次のような見方・考え方を想定している。

- 複数の図形に分割する（既習内容の活用）
- 分割した後，移動して変形する（量の保存性）
- 形を変えても（移動しても），面積は変わらない（量の保存性）
- 実際にはない部分に補充してあとで引く（量の加法性）
- 切り離した面積はたし算できる（量の加法性）など

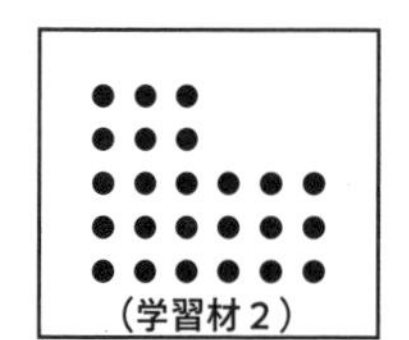
（学習材２）

どのように見方・考え方を引き出すか

本時で引き出したい見方・考え方は，既習内容や既習体験も含まれる。例えば（学習材２）は第２学年「かけ算」で取り扱うものである。「□の数を２つに分割す

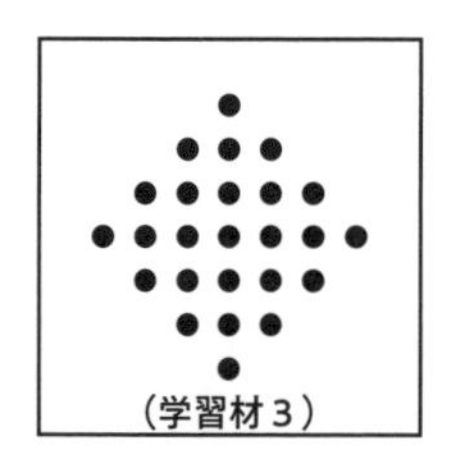
（学習材３）

る」「分割して縦横の数が同数になるように整える」など前述の見方・考え方の例示が含まれている。（学習材３）は第４学年「計算のきまり」で取り扱うものである。同様に本時の内容と関連付けることができる。必要に応じて，これらを提示しながら子どもの見方・考え方を引き出していく。

本時の流れ

1.「複雑な形(複合図形)の面積を求める方法を考えよう」

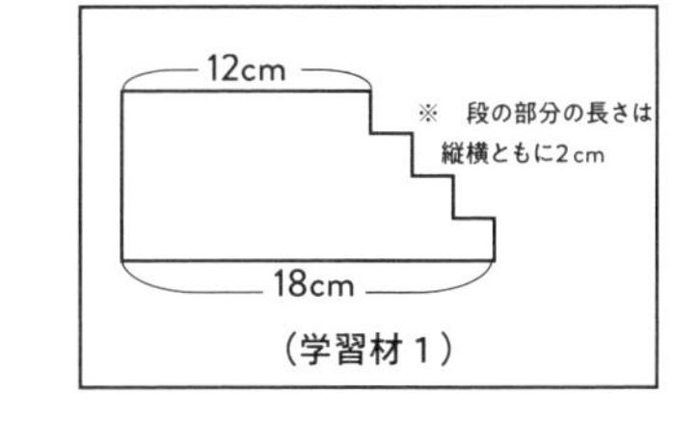

（学習材１）

複合図形の図（学習材１）を提示する。

これまで正方形，長方形の面積を学習している子どもは，階段状になった右側の部分に目を向けてきた。

日常から「これまでの学習を生かすことができないか」と考えてきている子どもは，この図形に関しても面積を求めたいと言ってきた。

2.「いろいろな方法を考えてみよう！」

そこで，子どもにも学習材１を配布した。すかさず，子どもから「いろいろな方法を考えてもよいですか」という声が上がった。

子どもには日常から，１つの考えで問題を解決することができたら，複数の方法で問題を解決するように指導している。そして自分が考えた複数の考えに名前を付けるよう促す。さらに「よさ」について判断し，１番よいと思うものには◎，それ以外でよいと思うものには○をつける。考えたものの手順が複雑などの理由であまりよいとは言えないものには△を付ける。

名前を付けるのは，後で自他の考えを比較・検討するときに話がしやすくなるためである。「よさ」について判断するのは，自分自身の「数学的な見方・考え方」をはっきりとさせ，他者の判断との共通点や相違点などについて考え「数学的な見方・考え方」を共有したり，高めたりすることができるようにするためである。

本実践では全員の子どもが２種類以上の解決方法を考えていった。

その中から次の考えを取り上げ，授業を進めていった。

3.「よりよい考えはどれかな」

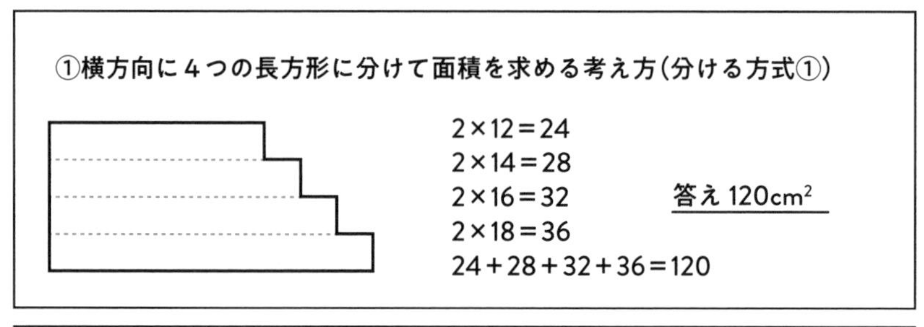

①横方向に４つの長方形に分けて面積を求める考え方（分ける方式①）
2×12＝24
2×14＝28
2×16＝32
2×18＝36
24＋28＋32＋36＝120
答え 120cm²

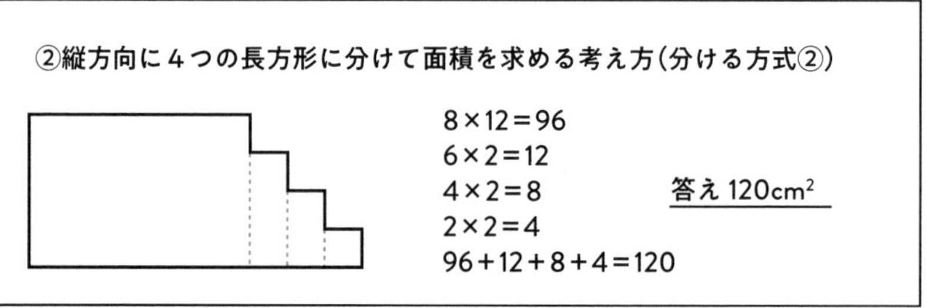

②縦方向に４つの長方形に分けて面積を求める考え方（分ける方式②）
8×12＝96
6×2＝12
4×2＝8
2×2＝4
96＋12＋8＋4＝120
答え 120cm²

まず子どもの考え方から上記の①②を取り上げた。

説明の際には，自分の考えを図や式に表した子ども以外の子どもに

「○○さんの考えがわかる人はいるかな？」

と問うた。これは他者の考え方を自分事として考えることができるようにするためである。

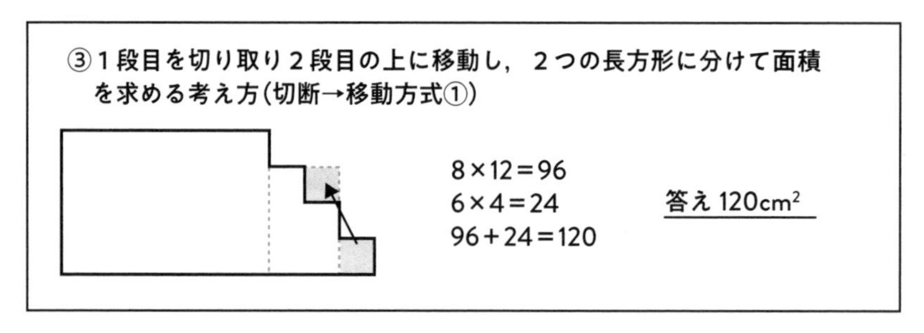

③１段目を切り取り２段目の上に移動し，２つの長方形に分けて面積を求める考え方（切断→移動方式①）
8×12＝96
6×4＝24
96＋24＝120
答え 120cm²

子どもの言葉をもとにこの考え方のことを「分ける方式」と名付けた。

次に子どもの考え方から③を取り上げた。

一部を切断して，簡単な形にする考え方である。子ども同士で「どうにか１つの長方形にならないか」考えたが，結局この場では，移動した後で２つの長方形に分けて面積を求めた。子どもと共に「切断→移動方式」と名付けた。

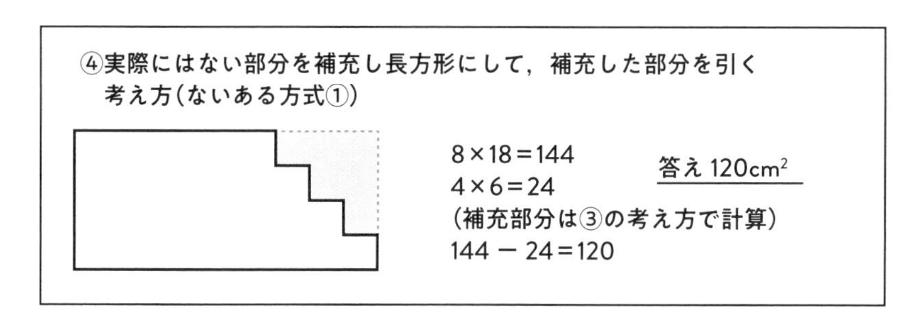

④実際にはない部分を補充し長方形にして，補充した部分を引く
考え方（ないある方式①）
8×18＝144
4×6＝24
（補充部分は③の考え方で計算）
144 － 24＝120
答え 120cm²

次に取り上げたのが④の考え方である。

実際にはない部分を補充して１つの長方形にして面積を出し，補充した分を後から引く考え方である。子どもと共に「ないある方式」と名付けた。

最初に考え方を述べた子どもは補充の部分も「分ける方式」で考えていた。しかし，他の子から「切断→移動方式」を組み合わせる案が出され補充部分は１つの長方形の面積に変形できた。

15

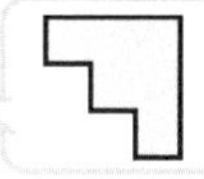

のところは3つの長方形に分けて考えたらいいね！

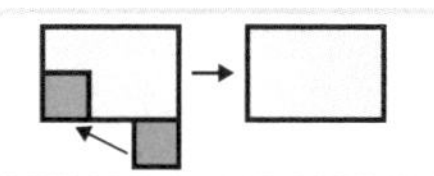

こうして下のところを切って移動したら1つの長方形になるよ‼

なるほど！「ないある方式」に「切断→移動方式」の合わせ技だね！　すごい！

このように子ども同士でよりよい「見方・考え方」ができていった。

以上の４つの考えで，比較・検討したときだ。

「さっきの『切断・移動方式』なんだけど……」

とＡさんが言い出した。一生懸命に頭の中で考えているようだったので学習材１とマジックペンを出し，考えを述べるように促した。すると，考えに確信がもてたのか，

「１つの長方形になる!」

と大声で言った。今度は他の子が首をひねっている。Ａさんが説明した。

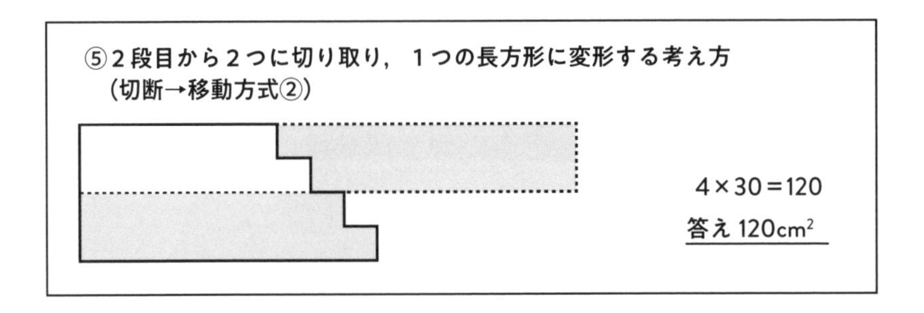

⑤２段目から２つに切り取り，１つの長方形に変形する考え方
（切断→移動方式②）
4×30＝120
答え 120cm²

⑤がＡさんの考え方である。真ん中の補助線を引いた瞬間「あっ!」「わかった!」などと思わず口にする子どもが数名現れた。説明が終わると「お〜っ!」と歓声が上がった。

私は「!の中身をお話ししてください」と板書した。

子どもは,「何だかすっきりした」「１つの長方形になったのでびっくりした」「他にも方法を考えてみたい」と口々に言ってきた。

そこで,学習材１を辺にそって切り取ったものを２つ用意して黒板に掲示した。子どもとのやり取りをしながら⑥の考え方を確認した。

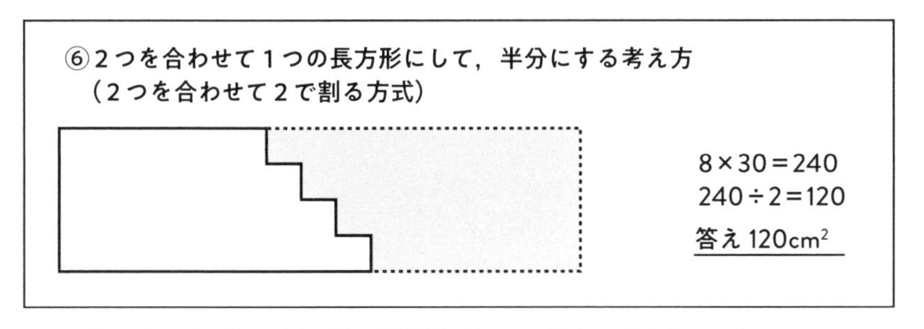

⑥２つを合わせて１つの長方形にして,半分にする考え方
（２つを合わせて２で割る方式）
8×30=240
240÷2=120
答え 120cm²

この考え方は台形や三角形の面積を求める考え方と同じである。

また,「切断→移動」などの考え方は平行四辺形の考え方につながる。「ないある（補充）方式」はひし形の面積の求め方につながる。

4.「こんな形はどうかな?」

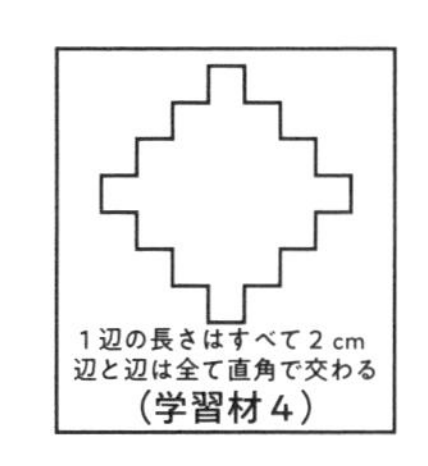

１辺の長さはすべて２cm
辺と辺は全て直角で交わる

（学習材４）

子どもは,学習したことを活用していろいろな面積を求めたいという意欲にあふれていた。右は子どもに求積させた形である。これらは一部５年生の内容も含まれているが,子どもが紡ぎだした考え方で解決することができた。もちろんこれらは２つ組み合わせて長方形になる特殊な場合なので,右のような図形（学習材７）も求積させ,形によって解決方法を判断することの大切さも確認した。

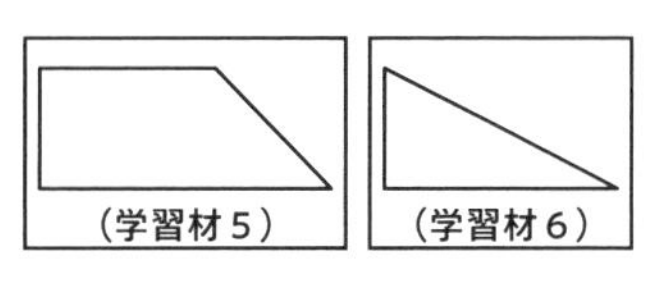
（学習材５）（学習材６）

子どもは,自ら紡ぎだした「見方・考え方」を活用してさまざまな形の面積を求めることに感動する。子どもの「見方・考え方」は広がり,子どもは「考える楽しさ」「『見方・考え方』が広がる喜び」を実感するのである。

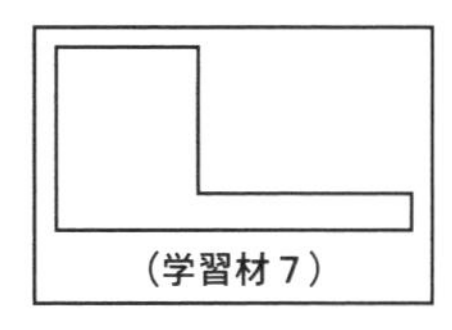
（学習材７）

16 小数と整数のかけ算・わり算

立命館小学校　髙橋正英

本時のねらい

小数×整数の計算の仕方を考え，その計算の仕方を説明することができる。

本時の問題

> 1本0.2Ｌ入りのジュースがあります。６本買いました。全部で何Ｌですか。

どのような見方・考え方を引き出すか

・小数×整数の計算は，「0.1のいくつ分」で考えたり，「かけ算のきまり」を使ったりして，整数の計算に直すとよいという考え方。

どのように見方・考え方を引き出すか

導入では，□を用いて問題文を提示する。かけ算の式になりそうだということを確認した後，□に入るのは0.2であることを知らせる。その際，「『小数×整数』が新しい」ということに気付かせることが大切である。

早い段階で聞こえてくるであろう「簡単だよ。小数点を隠して，後から付ければいいんだよ」という素直な言葉をまずは認め，「それは，算数的にどんな見方をすればいいのかな」と尋ねることで，より深い世界に導いていくとよい。

本時では，次の３つの方法を話し合いのステージに挙げていくこととする。①単位を変える考え方（0.2Ｌ→２dL），②0.1をもとにすると0.2は２個分という見方，③かけ算のきまりを使って0.2を10倍し，積を10分の１にするという考え方である。

それらのよさや，問題点を確認しながら，どの方法も「整数に直すとよい」

という共通点に気付かせていく。

本時の流れ

1. 「新しい計算をしよう」

授業のタイトルを「新しい計算をしよう」とし，問題文を書くところから始める。

1本□Lのジュースがあります。
6本買いました。
ジュースは全部で何Lでしょう。

この時点で「式は何算になりそうかな」と尋ねると，「かけ算」と答える子どもたち。□には「0.2」が入ることを知らせる。

式は0.2×6になりそうだということを確認するも，子どもたちには特別な反応はない。そこで，授業タイトルを指さし，次のように発問する。

新しい計算に気付いた人?

「新しい?」「あ，小数のかけ算か」

それほどの反応ではないが，「新しい計算である」ことを認識しておくことと，何が新しいのかを「具体的に自分の言葉で表現させる」ことが，既習の積み重ねが問われる算数科の学習であるだけに今後も生きてくる。

ここでは，子どもの「小数のかけ算」に止めるのではなく，より具体的に「小数×整数」であることを押さえたい。

2. 小数×整数の計算は……

「もう，答えわかるよ!」という声も聞こえるが，まずはどのように計算をしたのか，その方法をノートに書かせる。

３分ほどの自力解決の時間，できた子どもには，近くの友だちと考えの交流を促す。その間，教師はノートをもとに「本時で話し合いたい３つの見方・考え方」が子どもたちから引き出せそうかを把握しておく。もし，３つの方法が見取れなくても，発問で少しずつ引き出していければよい。

いよいよ話し合い。ここで教師は「新しい計算だから，今日は先生がしてみます」と次のように板書する。

0.2×６＝0.2＋0.2＋0.2＋0.2＋0.2＋0.2
＝1.2（L）

ざわつく教室。「それじゃ面倒だよ」「かける数が大きくなったら……」「かけ算でできるのに……」それらの素直な言葉を笑顔で板書し，「でも，答えは正確」であることを確認する。

3.「小数点を消す」ということは……

これからは子どもからの発表になるが，最初は子どもらしい素直な表現を共有していくことから学びを深めていくとよい。

0.2の小数点を隠して2×6を計算します。
2×6＝12だから，小数点を戻して1.2です。

同じです！　かけ算でも1.2になったよ！

なるほど。では，算数的にどのようにすれば「小数点を隠す」ことができるのでしょうね。

ここからが，子どもの「なんとなく解いた……」から「数学的に見方・考え方を発揮した」に導いていくことになる。

まずは，「10倍して，10分の１にする」考え方に焦点を当てるとよい。筆算にもつなげやすく，操作としての「小数点を隠す」が，多くの子どもに見えやすいからである。

Aさんは，こんな図を描いていましたよ。

0.2×6＝
⬇
2 ×6＝

そうそう，ぼくも同じ！　続き描けます！　反対だから青矢印で！

0.2をどうすれば2になるのでしょう。

10倍すればいいよ。10倍したから12を10分の１にして，答えは1.2になります。

0.2×6＝1.2
10倍 ⬇　⬆ $\frac{1}{10}$
2 ×6＝12

「私は違う見方です」

続いて，単位に働きかけたＢを指名する。

0.2Lは2dLです。だから2dLが6本分で12dL。
12dLをLに直すと1.2Lになります。

なるほど。筋道立てて見事な説明ですね。Bさんが説明してくれたことを式でまとめましょう。

0.2L＝2dL
2×6＝12
12dL＝1.2L

でも，問題が「L」じゃなかったら……1.2dLだったら……

最後にCの見方を発表させる。「○○をもとにする（1とみる）」という見方は，これまでも経験している（例：80÷20は10をもとにして8÷2）が，割合にもつながる難しい見方のため，最後の方がよいであろう。

Cの説明を共有させていくため，以下のようにポイントになる部分を虫食いにする形でまとめていくことにした。

0.2は□が2つ分。
□をもとにすると
0.2×6は2×6と見ることができる。
2×6＝12
この12は「□が12個」ということだから1.2。

4. 3つの見方・考え方の共通点は……

授業終盤，これまで話し合われた３つの方法を統合的に見ていくために３つの方法の特徴を振り返っていく。

Ａの方法は，かけられる数を10倍しても，計算して得られた積を10分の１にすれば，もともとの積は変わらないという「かけ算のきまりを使う考え方」Ｂは「単位を替えるという見方」Ｃは「0.1をもとにするという見方」である。それらを端的に板書した後，本時のタイトルに立ち返るための発問をする。

同じ式に気付いた人はいますか？

全部に2×6＝12があるよ！

つまり，小数×整数という新しい計算を……？

３つとも整数×整数の計算に直しています！

16

小数点を機械的に操作して，とりあえず答えは出せていた子どもたち。本時では「小数点を隠すことの意味」に目を向けさせることで，新しい計算に出合った時も，既習で学んだことを生かすことを確認し，そのために３つの見方・考え方を発揮させていくことができた。本時だけではなく他の単元や前学年での学びを授業者が丁寧につなげていくことで，子どもの数学的な見方・考え方は磨かれていくのである。

17 直方体と立方体

国立学園小学校　佐藤純一

本時のねらい

直方体の展開図の作図を通して，面や辺のつながりを考えることができる。

本時の問題

４種類の形の厚紙（正方形と長方形）から６枚を選び，直方体ができるように展開図を作る

どのような見方・考え方を引き出すか

直方体の展開図は，６枚の形から構成されているという見方はできている。

そこで，バラバラな形の厚紙を４種類用意し，どれをどのように組み合わせると直方体の展開図になるのか，その考え方を引き出す。

どのように見方・考え方を引き出すか

「１種類の正方形と３種類の長方形の厚紙を何枚かずつ使って，直方体の箱を作ろう」と投げかける。ここでの学習では，子どもは常に６枚の形がつながった立体か展開図しか見ていない。だから，最初は何をすればよいのか戸惑う子どももいるだろう。ただ，「直方体には６枚の面がある」ということだけは理解している。そのことを根拠にして，「対になる面は同じもの」だということに気付かせたい。そして，まず，向かい合わせになる形，つまり「対になる形」を２枚ずつ選んでいくことを考えさせたい。しかし，「対になる形」を選ぶだけでは直方体の展開図は作れない。その他には何が必要なのか，子どもは一生懸命に考えるだろう。この展開図を作っていく過程が本時のねらいであり，展開図では辺や面の関係がどのようになっているのかという見方・考え方となる。また，子どもが考えた展開図を全員で共有することで，直

方体の展開図の仕組みを理解することにつながる。さらに，実際に組み立ててみることで，子どもの頭に映像として残すことができる。

本時の流れ

1.「次のような形をした厚紙を使って，直方体の箱を作りましょう」

本時は,「直方体と立方体」の学習の中で，展開図の学習を終えた後の時間である。

まずは，次のような問題文を板書し，４種類の厚紙を掲示する。

４種類の厚紙（ア～エ）を使って，直方体の箱を作りましょう。
（アは正方形，イ～エは長方形）

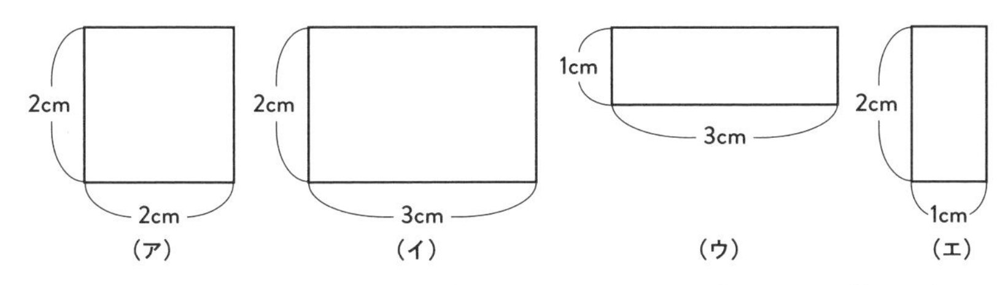

「箱を作るってことは，展開図を作ればいいんだね」「アだけを使えば，サイコロみたいな箱が作れるよ」「それって立方体だよね」という子どもの反応の後,「じゃあ，まず立方体を作ってみましょう」と投げ返した。

今回の授業は，立方体の展開図を考える授業ではないので，11種類ある中の１種類，子どもにとって一番わかりやすい「十字架」の展開図の形を取り上げて掲示した。

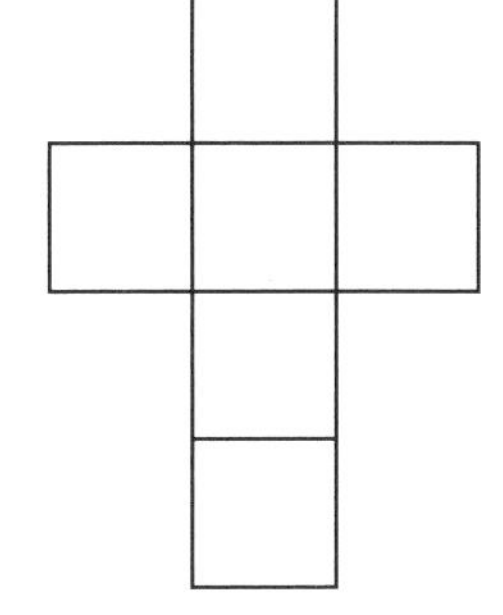

そして,「立方体の展開図は何枚でできていますか?」と問うた。６枚であることを確認した後，次に「では，直方体の展開図を作るには，何枚の厚紙を選べばよいですか?」と問うた。子どもからは,「それはやっぱり６枚でしょ」の声が多数。

2.「どのように６枚を選びますか?」

もう子どもの意識は,「ア〜エの厚紙の中から何を何枚選べばいいのか」となっていた。このとき私はすでに,ア〜エの形に切った工作用紙をたくさん用意していたが,子どもたちにはあえて見せなかった。直方体の展開図を作る場合にどうしたらよいか,厚紙を並べて考えさせるより,この段階では,念頭操作させたり,実際に自分で描かせたりする方が大事だと判断したからである。

しかし,子どもの多くは苦戦していた。イメージができた子どもは,自分で展開図を描いていたが,どこから手を付けたらよいのか,考えたらよいのかわからないといった感じが見受けられた。

そこで,展開図の作り方を全体で確認することにした。

どのように６枚を選びますか?

直方体も６枚でできていることはわかるんだけど,
どう選んだらいいのかがわからない……

直方体の箱の形をイメージしてはどうですか?

箱を見ると,向かい合う面は同じ形になっている!

そうか,同じ形を２枚ずつ,３組選べばいいんだ!

こうして,直方体には,向かい合う面が３組あることを確認し,同じ厚紙を２枚ずつ選べばよいことが,子どもたちに伝わった。

3.「対になる面の３組をどう並べたらいいのかな?」

展開図を作る上で大切な見方・考え方の１つである「対になる面が３組ある」は確認できたが，私はまだ全体では共有できていないと感じていた。それは，これまでの展開はすべて念頭操作であって，子どもたちの中には，対になる面がイメージできていない子もいるだろうと判断できたからであった。

そこで，子どもたちに直方体の模型を見せることにした。そして，「対になる面が３組ある」とはどういうことか，模型を使って子どもに説明してもらった。すると，子どもの説明は，実にわかりやすく，簡潔だった。「手前と奥」「右横と左横」「上と下（底)」という言い方で説明した。

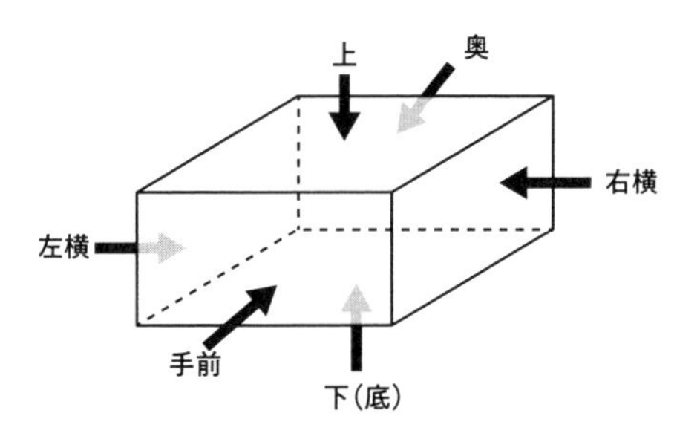

ところが，子どもたちは向かい合う面とは「対になっている面」だということは，直方体の模型を見て納得し，３組あるということもわかったものの，展開図にするとき，その３組をどう並べたらよいのかがわからない様子だった。次のようなつぶやきが聞こえてきたからだ。

「対になる面が３組あるというのはわかったけど，展開図を作るときは，どう並べたらいいんだろう」

「面を２つずつ３組選ぶのはわかるけど，並べ方がわからないなあ」

このとき私は，「子どもたちにア～エの形に切った工作用紙を配るタイミングは今だ!」と判断した。そして，各種類４枚ずつの工作用紙が入った袋を配付した。すると，子どもたちはすぐに１枚だけを選んで，その周りに工作用紙を並べ始めた。本時のねらいに迫る見方・考え方であった。

4.「同じ長さになっている面を見てどうするの?」

子どもたちは，工作用紙を使って，直方体の展開図を作り始めた。だが，子どもの中には6枚を並べるのではなく，ある決まりに従って5枚並べている子がいたので，全体で確認する時間を取った。

工作用紙の並べ方はどうしたらいいのかな?

1つの面を中心にして，同じ長さの面を並べます。

同じ長さになっている面を見てどうするの?

辺の長さが同じところをくっつけて並べるんだよ。

1つの面に，4枚の面を並べていけばいいんだね。

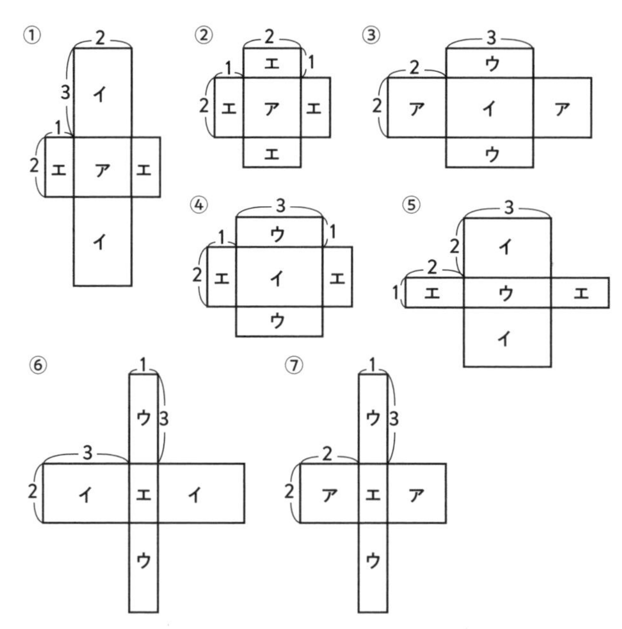

5.「展開図はどうやって作るの?」

こうして，多くの子どもたちが①～⑦の未完成の直方体の展開図を作った。

それを確認して，黒板に厚紙を並べてもらった。そして私が，「直方体の展開図は6枚じゃなかったの?」と問うと，「あと1枚は中心の面と同じに決まっているよ」と答えた。「対になる面」は向かい合う面だから，真ん中に置いた面と同じになることを理解していたのである。

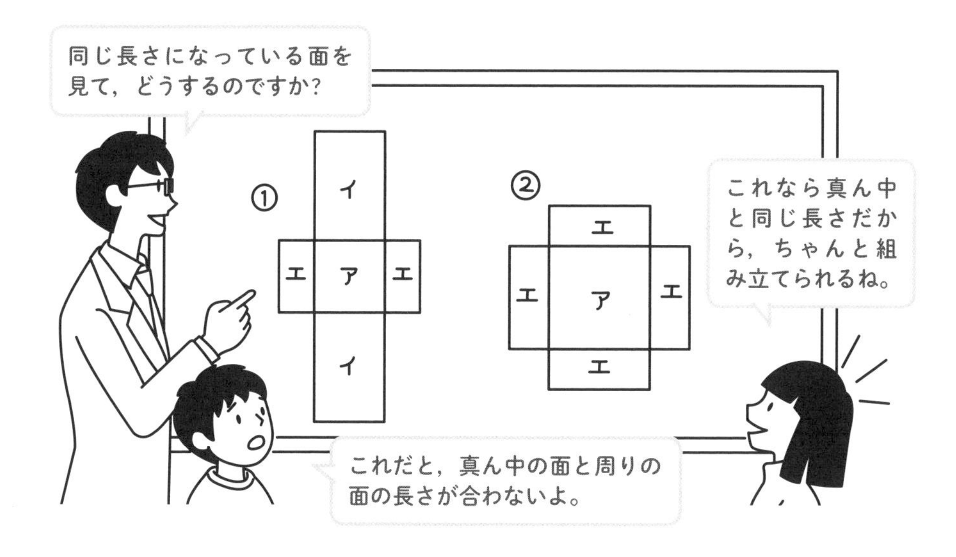

同じ長さになっている面を見て，どうするのですか?
①
イ
エ
ア
エ
イ
②
エ
エ
ア
エ
エ
これなら真ん中と同じ長さだから，ちゃんと組み立てられるね。
これだと，真ん中の面と周りの面の長さが合わないよ。

次に私が「展開図はどうやって作るの?」と問うと，「中心の面と周りに置いた面の辺の長さが合っているかを見ればいい」と答えた。①から⑦の展開図の中で，この条件に当てはまるものは「②と④と⑤と⑥」であることに，多くの子どもが気付いた。そして，展開図を作るときは，向かい合う面を同じにすること。つまりそれは，辺の長さが同じでなければならないことに気付いたことでもあった。この授業は，最初に工作用紙を渡さなかったのがよかったと思う。その後の展開で見方・考え方がはっきりしたから，有効に活用できたのだろう。最後に面白かったことは，残りの1枚を置く場所を聞いたら，「四角形だから4箇所ある」と気付いたことだった。

18 差でくらべる・倍でくらべる

筑波大学附属小学校　大野桂

本時のねらい

　現在の成長した状態と２週間前の竹の子の状態を比べる必要性を見いだし，比べ方には「差」と「倍」２つの方法があることを見いだすことができる。

本時の問題

どの竹の子が２週間でよく育ったと感じますか?

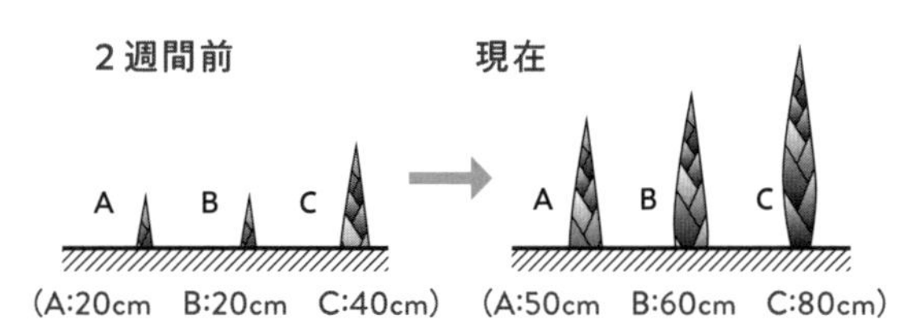

どのような見方・考え方を引き出すか

・２週間前と現在の竹の子を比べる必要があると判断する見方・考え方
・比べ方には差と倍の２つの方法があると見いだせる見方・考え方

どのように見方・考え方を引き出すか

・はじめは「現在の成長した姿のみ」を提示する

「２週間前と現在の竹の子を比べる必要があると判断する見方・考え方」を引き出すために，まずは**現在の成長した姿のみを提示**し，「どの竹の子が２週間でよく育ったと感じますか?」と唐突に問うこととした。もちろん見た目で高く伸びているCを選ぶ子どもがいるだろう。一方で，「**２週間前を見てみないとわからない**という子どももいるだろう。その意味の解釈を全員で行い，共有していくことで，「見方・考え方の働き」の活性化と顕在化を図る。

・はじめは数値を示さず，後から数値を示す

「比べ方には差と倍の２つの方法があると見いだせる見方・考え方」を引き出すために，竹の子の伸び方を，**高さの数値は示さず**，実際に伸びていく様子を動画で提示する。動画を見た子どもたちに,「どの竹の子が2週間でよく育ったと感じますか?」と問えば,「**Bの竹の子がよく成長した**」と判断すると想定される。ちなみにBは「**倍**」でみれば3本の竹の子の中で最もよく伸びたといえる竹である。ところがその後,**今度は数値を提示する**と,その数値から「**BとCの成長は同じ**」と判断を変えるだろう。ちなみにBとCは,「**差**」でみれば同じ成長をしたといえる竹である。この2つの状況に直面させ,見方が変化した意味の解釈を全員で行い,解釈し共有していくことで,「見方・考え方の働き」を活性化させるとともに,顕在化させるようにする。

本時の流れ

1.「Cが成長しているとはいえない」

右に示した,現在の成長後の竹の子の画像を見せ,「どの竹の子がよく育ったと感じる?」を問うことから始めた。まずは,

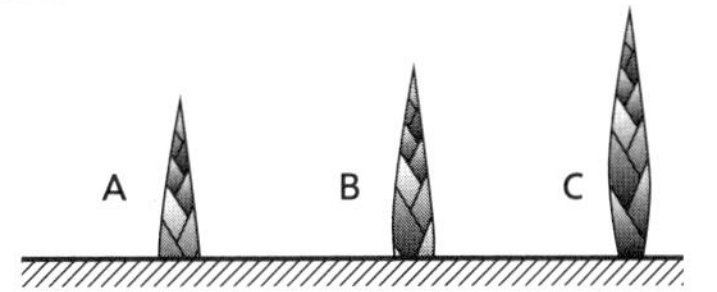

見た目から「Cがよく成長した」という判断した子どもが数名だが現れた。そこで,全員に「Cを選んだ人の気持ちがわかる?」と問うてみた。意見は全員一致で,「一番長いから」であった。しかし,腑に落ちない表情をしている子どもがたくさんいる。この腑に落ちていない子どもたちの想いを明らかにすることが最初のめあてといえる。

でも,2週間前を見ないとわからない……。

どうして? 今一番高いのがCなんだから,Cがよく成長したってことでいいんじゃない?

そうとはいえない。だって,もしかしたら2週間前から,Cはほとんど成長していないかもしれない。

ほとんど成長していないって,どういう意味?

例えば，２週間前からCが10cm伸びて，Bが20cm伸びていたら，今はCの方が長くても，Bの方がよく育ったってこと。

２週間前と比べて，どれだけ伸びたのかということで比べないといけない。だから２週間前の高さを知りたい。

「比較する」ということの見方・考え方の本質に迫っている姿といえる。その大事な場面なので，ここでの私のスタンスは，私が子どもの言うことを理解できないふりをして，全員に「どういう意味か?」という問いを投げかけながら，全員との対話を通して解釈を進め，全員で見方・考え方の働きを共有していくようにした。

2.「Bがよく育っている!」

「２週間前の高さを知りたい」という反応を受け，「高さを知って何をしたいの?」と問うと，「差が見たい」とのことだった。そこで，２週間前から現在へどのように成長したかの動画を提示することとした。動画では，２週間前の状態から，スタートボタンを押すと２～３秒かけて徐々に伸び，現在の姿になるというものである。３本が同時に伸びるのではなく，AからB，Cと順に動かしていった。

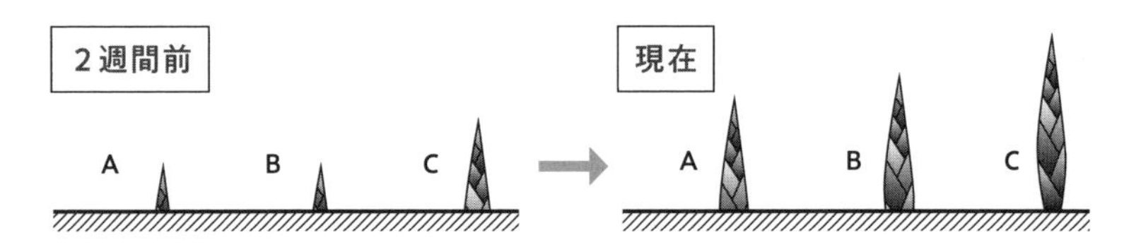

動画を見せ，すぐに「どの竹の子が成長したと感じた?」と聞いたら，ほとんどの子どもが「Bがよく成長した」という反応を示した。ちなみにBは「倍」でみると最もよく育ったといえる「３倍」に伸びたものである。このことから，子どもたちは，「差が見たい」と言っておきながら，**数値がまだわからない状態の視覚のみによる判断では，直感的に「倍」で判断している**ことがわかる。

3.「Aはありえない！」「BとCは同じだ！」

B20名でC３名ということで，若干ではあるがCがよく成長したと判断している子どももいた。しかしAは０名である。そこで，「Aは１人も選ばなかったね？　どうして?」と全員に問いかけてみた。すると，「**Aはありえない。AとBは，２週間前の高さが同じだったけど，今はBの方が高いから**」ということである。

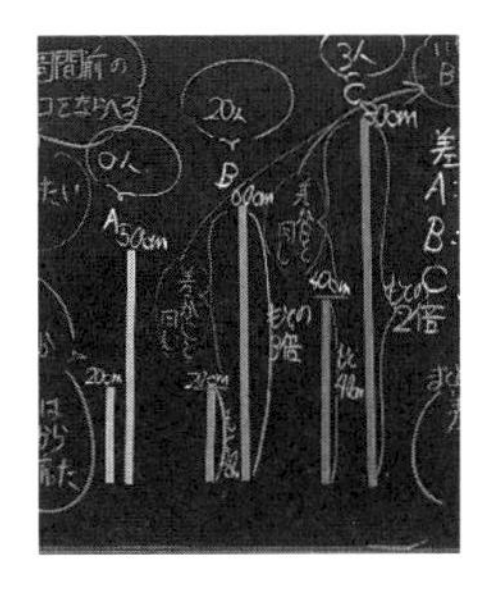

ここで，そのことを説明させるべく黒板に実寸の紙テープを提示した（提示したのはテープのみで，まだ長さは提示していない）。そして，１人の子どもが黒板の前で，AとBの「もとの部分」を除いた，「伸びた差の部分」を指さしながらBの方がよく育ったことを説明していた。このことから，AとBでは，「差」で比べていることがわかる。

ここでさらに，「じゃあBとCでは?」と問うた。すると，「**BとCは同じだと思う**」との反応が多くの子どもから現れた。「さっきはBだと言っていたのに，今度は同じだと感じたの？　どうして?」と問うと，上の板書で示した通り，BとCの伸びた部分である差の部分を指さし，「差が同じ」との話をしていた。「どうしたらそのことを明らかにできるか」を聞くと，「２週間前のもとの長さと，現在の伸びた後の長さが知りたい」とのことだったので長さを提示した。子どもたちが見いだした結果は，右の板書の通りで，「**BもCも，２週間前のもとの長さと，現在の伸びた後の長さの差が40cmで同じだから成長は同じ**」ということであった。

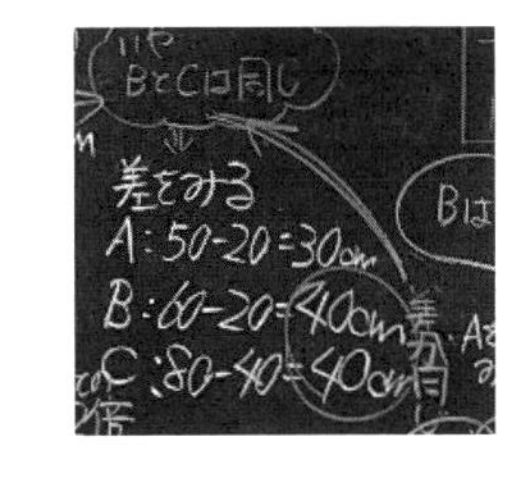

このことから，**最初の視覚による直感では，成長を判断するのに「倍で比べる」という見方・考え方を働かせていたのが，「AとBを比べた際に，差で比べたこと」と「BとCの成長の数値の差が同じだったこと」に引っ張られ，成長の判断を「差で比べる」という見方・考え方の働きに変えたことがわかる。**

4.「3倍に伸びた！」

最初に示したが，本時の目標は「比べ方には『差』と『倍』２つの方法があることを見いだすことができる」である。最初の段階では，成長を視覚で「倍」と判断していたといっても，現状では，子どもたちはそのことを何も意識できていない。そこで，そのときに感じた**「倍」を意識化させるべく，「でも，20人もの人が見た目ではBがもっとも成長したと決めていたのはどうしてだろうね？」と揺さぶりをかけてみた。**

その揺さぶりによって，子どもたちの見方・考え方が，再度「倍」へと変わっていくこととなる。以下にそのやり取りを示す。

最初に見た目ではBが最も成長したと感じたのは，単なる見間違えだったの？　選んだからには何か理由があったんじゃないのかなぁ？

単なる見間違えだよ。

どうして見間違えちゃったのかな？

Bは２週間前が短かったから，よく伸びたように見えたんじゃない。

まさに，成長を判断するのに「倍で比べる」という見方・考え方を働かせている言葉である。しかしながら，子どもたちは，その見方・考え方の中にある「倍」の存在には，まだ気付いていない。

この後，「倍」という言葉が出てくるまでのやり取りを以下に続ける。

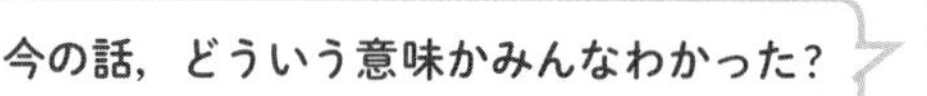

今の話，どういう意味かみんなわかった？

Bは2週間前が20cmで短かったから，Cと同じ40cm伸びても，よく伸びたように見えたってこと。

なるほど。2週間前のもとの高さと比べて，すごく伸びたように見えたからBを選んだのか。じゃあ，Bは2週間前と比べてどんな風に伸びたといえるの？

だから40cmでしょ。

３つ分。３倍に伸びた。

3つ分？　3倍？　どういうこと？

意味がわかった。Bは20cmが60 cmになったから，もとの3倍に伸びて，Cは40 cmから80 cmだから，もとの2倍に伸びているから，もとと比べたときには，Bの方が伸びたと感じたんだ。

このように，最初にBがよく成長したと直感で感じていた見方・考え方の働きの中には，「２週間前のもとに対して，現在がどう見えるのか」という，「倍」の見方・考え方が存在していたことを明らかにした。

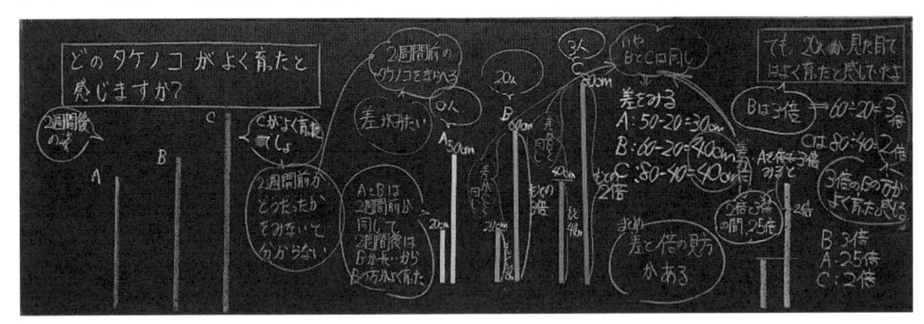

●おわりに

本実践では，子どもたちの，「比べ方」に対する見方・考え方の働きが二転三転しながら，「比べ方」の本質に迫っていった。この見方・考え方の働きの変化と変化した意図を明確にしていくことが授業の本質であり，深い学びなのだと考えている。

執筆者一覧（執筆順）

氏名	所属	担当
山本　良和	筑波大学附属小学校	はじめに
甲斐　淳朗	宮崎県教育庁北部教育事務所	1
瀧ヶ平悠史	北海道教育大学附属札幌小学校	2
草地　貴幸	岡山大学教育学部附属小学校	3
松山　起也	高知大学教育学部附属小学校	4
岩本　充弘	広島県呉市立仁方小学校	5
中村潤一郎 *	昭和学院小学校	6
清水　　修	熊本県熊本市立白川小学校	7
藤本　邦昭 *	熊本県熊本市立飽田東小学校	8
角田　大輔	山梨県甲府市立国母小学校	9
大畑　智裕	静岡県富士市立吉原北中学校	10
前田華奈子	岩手県滝沢市立篠木小学校	11
瀬尾　駿介	広島県三次市立十日市小学校	12
志田　倫明	新潟大学教育学部附属新潟小学校	13
徳永　勝俊	島根県浜田市立今福小学校	14
林田　健一	長崎県諫早市立湯江小学校	15
髙橋　正英	立命館小学校	16
佐藤　純一 *	国立学園小学校	17
大野　　桂 *	筑波大学附属小学校	18

＊：4年　編集理事

子どもの数学的な見方・考え方を引き出す算数授業

各学年収録単元

1年

#	単元名
1	仲間づくりと数
2	何番目
3	位置の表し方
4	たし算(1)
5	ひき算(1)
6	大きさ比べ
7	かずしらべ
8	10より大きい数
9	3つの数の計算
10	ものの形
11	繰り上がりのあるたし算
12	繰り下がりのあるひき算
13	大きい数
14	時計
15	たし算とひき算
16	たし算とひき算
17	形づくり

2年

#	単元名
1	グラフと表(データの活用)
2	たし算の筆算
3	ひき算の筆算
4	長さを調べよう
5	かさ
6	時こくと時間
7	計算の工夫
8	たし算とひき算の筆算
9	長方形と正方形
10	かけ算(1)
11	かけ算(2)1, 6, 7, 8, 9の段
12	大きな数(4桁の数)
13	たし算とひき算
14	分数
15	箱の形

3年

#	単元名
1	かけ算
2	時刻と時間
3	わり算
4	たし算とひき算の筆算
5	長さ
6	あまりのあるわり算
7	大きい数の仕組み
8	かけ算の筆算
9	円と球
10	小数
11	重さ
12	分数
13	□を使った式
14	かけ算の筆算
15	三角形と角
16	棒グラフと表
17	メートル法

4年

#	単元名
1	1億よりも大きい数
2	折れ線グラフ
3	二次元の表
4	わり算のしかた
5	角の大きさ
6	小数のしくみ
7	小数のたし算・ひき算
8	わり算の筆算÷1桁
9	わり算の筆算÷2桁
10	およその数
11	計算のやくそくを調べよう
12	四角形の特徴
13	分数
14	変わり方
15	複合図形の面積
16	小数と整数のかけ算・わり算
17	直方体と立方体
18	差でくらべる・倍でくらべる

5年

#	単元名
1	整数と小数の仕組み
2	直方体や立方体のかさ
3	小数のかけ算
4	小数のわり算
5	形も大きさも同じ図形
6	図形の角
7	整数の公倍数
8	整数と小数・分数の関係
9	異分母分数の加減計算
10	ならした大きさ
11	単位量当たりの大きさ
12	速さ
13	四角形と三角形の面積
14	割合
15	変わり方調べ
16	正多角形と円周の長さ
17	角柱と円柱

6年

#	単元名
1	線対称・点対称
2	数量やその関係の式
3	分数と分数のかけ算
4	分数と分数のわり算
5	割合の表し方
6	形が同じで大きさが違う図形
7	三日月2つ分の面積を求めよう
8	角柱と円柱の体積
9	およその形と大きさ
10	比例
11	反比例
12	組み合わせ
13	データの調べ方
14	データの調べ方
15	文字と式(活用)
16	[中学校へ向けて] 等式・方程式の素地

全国算数授業研究会

会　　長	山本 良和	筑波大学附属小学校
常任理事	大野　桂	筑波大学附属小学校
	尾﨑 正彦	関西大学初等部
	佐藤 純一	国立学園小学校
	盛山 隆雄	筑波大学附属小学校
	中田 寿幸	筑波大学附属小学校
	永田 美奈子	雙葉小学校
	夏坂 哲志	筑波大学附属小学校
	前田 一誠	IPU・環太平洋大学
	毛利 元一	東京都教育庁指導部
	森本 隆史	筑波大学附属小学校

研究会 Web サイト　**https://zensanken.jimdo.com/**

子ども の
数学的な見方・考え方が働く
算数授業

4年

令和2年3月9日　初版第1刷発行

企画・編集　全国算数授業研究会
発行者　錦織圭之介
発行所　株式会社　東洋館出版社
〒113-0021　東京都文京区本駒込5丁目16番7号
営業部　電話03-3823-9206　FAX03-3823-9208
編集部　電話03-3823-9207　FAX03-3823-9209
振替　00180-7-96823
URL　http://www.toyokan.co.jp
装丁　新井大輔
編集協力　株式会社　エディポック
印刷・製本　岩岡印刷株式会社

ISBN 978-4-491-04061-5
Printed in Japan